leicht gemacht

In dieser Reihe erhältlich:

Partyküche

Fingerfood abwechslungsreich und einfach

Parragon

Bath • New York • Singapore • Hong Kong • Cologne • Delhi
Melbourne • Amsterdam • Johannesburg • Shenzhen

Entwurf und Realisation: Ivy Contract
Fotos: Charlie Paul

Parragon Books Ltd
Chartist House
15–17 Trim Street
Bath BA1 1HA, UK
www.parragon.com

Realisation der deutschen Ausgabe: trans texas publishing, Köln
Übersetzung: Melanie Schirdewahn, Köln u. a.
Korrektorat: Sebnem Yavuz, Erpel
Satz: Greiner & Reichel, Köln

ISBN 978-1-4748-0322-9

Printed in China

Hinweis

Sofern die Schale von Zitrusfrüchten benötigt wird, verwenden Sie unbedingt unbehandelte Früchte. Sind Zutatenmengen in Löffeln angegeben, ist immer ein gestrichener Löffel gemeint: Ein Teelöffel entspricht 5 ml, ein Esslöffel 15 ml.

Es sollte stets frisch gemahlener schwarzer Pfeffer verwendet werden. Einige Rezepte enthalten Nüsse. Allergiker sollten bei Rezepten, in denen Nüsse verarbeitet werden, die Nüsse weglassen.

Bei Eiern und einzelnen Gemüsesorten, z. B. Kartoffeln, verwenden Sie mittelgroße Exemplare. Kleinkinder, ältere Menschen, Schwangere, Rekonvaleszenten und gesundheitlich beeinträchtigte Personen sollten Rezepte mit rohen oder nur leicht gegarten Eiern meiden.

Die angegebenen Gar- und Zubereitungszeiten können von den tatsächlichen leicht abweichen, da je nach Zubereitungsart und Herdtyp Schwankungen auftreten.

Inhaltsverzeichnis

Einleitung

Einleitung

Sie haben Gäste eingeladen und wollen sie mit kleinen kulinarischen Köstlichkeiten überraschen? Dann sind unsere Rezeptvorschläge genau das Richtige – entsprechen sie doch ganz unserem modernen Lebensstil: schnell und einfach in der Zubereitung, ungezwungen, optisch ansprechend und doch richtig lecker! Noch dazu ist auch Ihre Küche im Handumdrehen wieder sauber!

Schon die Zubereitung der Gerichte macht Lust auf mehr, die bestimmt noch gesteigert wird, wenn Sie reichlich Lob für Ihre Kochkünste ernten. In diesem Buch finden Sie eine Vielzahl von Rezepten, die Sie individuell für jede Gelegenheit zusammenstellen können, egal ob für eine Stehparty, ein Picknick, einen klassischen Cocktail-Abend oder einen feierlichen Umtrunk im Familienkreis.

Nehmen Sie sich aber stets genügend Zeit für die Zusammenstellung der Rezepte. Wählen Sie Gerichte aus, die den Vorlieben Ihrer Gäste

entsprechen, die geschmacklich wie optisch zueinander passen und die Sie ohne Zeitdruck zubereiten können. So werden Ihre Gäste und Sie selbst jeden Bissen garantiert genießen!

In unseren Rezepten werden alle nur erdenklichen Hauptzutaten und Aromen verwendet, darunter auch viele vegetarische Genüsse. Es ist also für jeden Geschmack etwas dabei. Wir haben uns in den beliebtesten Küchen der Welt umgesehen, und auch alle internationalen Partyspezialitäten sind mit dabei.

Wichtigstes Kriterium der Rezepte in diesem Buch ist die schnelle und einfache Zubereitung: Natürlich soll es den Gästen schmecken, man selbst möchte dafür aber nicht den ganzen Abend in der Küche stehen, sondern die Feier ebenfalls genießen.

Wichtig ist auch eine ansprechende Präsentation, durch die selbst ein einfaches Gericht seinen großen Auftritt hat – mit kreativen Garnierungsideen und tollen Vorschlägen für Saucen, Dips und andere interessante Begleiter. Viele Gerichte können im Voraus zubereitet werden, und so einige Snacks schmecken lauwarm oder kalt am besten. Sie eignen sich deshalb besonders gut für ein Partybüfett oder ein Picknick.

Aber warum sollte man eigentlich all diese Köstlichkeiten nur zu besonderen Anlässen servieren? Vielleicht haben Sie auch an einem ganz gewöhnlichen Tag Lust, Ihre Familie oder Freunde damit zu verwöhnen. Nicht vergessen: Alles in diesem Buch ist in erster Linie zum Genießen da!

Saucen & Dips

Pilz-Maronen-Paste

Saucen & Dips

Zutaten für 8 Personen

- 225 g getrocknete Maronen, über Nacht eingeweicht
- einige getrocknete Steinpilze
- 4 EL heißes Wasser
- 4 EL Marsala oder halbtrockener Sherry
- 1 EL Olivenöl
- 675 g braune Champignons, in Scheiben geschnitten
- 1 EL Balsamico-Essig
- 1 EL frisch gehackte Petersilie
- 1 EL Sojasauce
- Salz und Pfeffer
- Radieschenscheiben, zum Garnieren
- Baguette, zum Servieren

So geht's

Die Maronen abtropfen lassen, in einen Topf geben, mit Wasser bedecken und aufkochen. Die Hitze reduzieren und abgedeckt 45 Minuten weich köcheln. Abtropfen und auskühlen lassen.

Unterdessen die Steinpilze in eine Schale geben, mit heißem Wasser und 1 Esslöffel Marsala übergießen und 20 Minuten einweichen lassen. Die Einweichflüssigkeit durch ein Haarsieb abgießen und auffangen. Die Pilze abtropfen lassen und mit Küchenpapier trocken tupfen.

Das Öl in einer Pfanne erhitzen und die Champignons bei geringer Hitze unter ständigem Rühren 5 Minuten weich dünsten. Steinpilze, Einweichflüssigkeit und Essig zugeben. Unter ständigem Rühren 1 Minute dünsten. Die Hitze erhöhen, den restlichen Marsala dazugießen und die Mischung unter ständigem Rühren 3 Minuten garen. Die Pfanne vom Herd nehmen.

Die Maronen in der Küchenmaschine pürieren. Pilze und Petersilie dazugeben und zu einer glatten Paste verarbeiten. Mit Sojasauce, Salz und Pfeffer abschmecken und zum Mischen kurz pürieren.

Die Paste in eine Servierschale füllen, abdecken und kalt stellen. Mit Radieschenscheiben garnieren und mit Baguette servieren.

Baba Ghanoush

Saucen & Dips

Zutaten für 8 Personen

- 3 große Auberginen
- 3 Knoblauchzehen, gehackt
- 6 EL Tahini (Sesampaste)
- 6 EL Zitronensaft
- 1 TL gemahlener Kreuzkümmel
- 3 EL frisch gehackte glatte Petersilie
- Salz und Pfeffer
- frische glatte Petersilie, zum Garnieren
- Gemüsechips Fertigprodukt, zum Servieren

So geht's

Den Backofengrill vorheizen. Die Auberginen mehrmals mit einer Gabel einstechen und der Länge nach halbieren. Mit der Schnittseite nach unten auf ein Backblech legen und unter dem Grill 15 Minuten rösten, bis die Haut Blasen wirft und schwarz wird. Das Fruchtfleisch sollte sehr weich sein. Kurz abkühlen lassen.

Die Auberginen häuten und die überschüssige Flüssigkeit auspressen. Grob hacken und in die Küchenmaschine geben. Knoblauch und 2 Esslöffel Tahini zugeben und zu einem Püree verarbeiten, 2 Esslöffel Zitronensaft zugeben und erneut pürieren. Abwechselnd nach und nach restliches Tahini und Zitronensaft hinzufügen.

Wenn das Püree glatt ist, in eine Schüssel füllen und Kreuzkümmel und Petersilie unterrühren. Mit Salz und Pfeffer abschmecken.

Das Baba Ghanoush in eine Servierschale füllen. Wenn es nicht sofort serviert wird, mit Frischhaltefolie abgedeckt im Kühlschrank aufbewahren. Vor dem Servieren rechtzeitig herausnehmen, das Baba Ghanoush sollte wieder zimmerwarm sein. Mit Petersilie garnieren und mit Gemüsechips servieren.

Gemüse mit Sesam-Dip

Zutaten für 4 Personen

- 225 g kleine Brokkoliröschen
- 225 g kleine Blumenkohlröschen
- 225 g grüner Spargel, in 5 cm lange Stücke geschnitten
- 2 kleine rote Zwiebeln, geviertelt
- 1 EL Limettensaft
- 2 TL geröstete Sesamsaat
- 1 EL frisch gehackter Schnittlauch

Sesam-Dip

- 1 TL Maiskeimöl
- 2 Knoblauchzehen, zerdrückt
- ½–1 TL Chilipulver
- Salz und Pfeffer
- 2 TL Tahini (Sesampaste)
- 175 g fettarmer Naturjoghurt
- 2 EL frisch gehackter Schnittlauch

So geht's

Den Boden eines Bambus-Dämpfers mit Backpapier auslegen und Brokkoli, Blumenkohl, Spargel und Zwiebeln hineingeben.

Wasser in einem großen Topf oder in einem Wok aufkochen und den Dämpfer hineinsetzen. Das Gemüse mit dem Limettensaft beträufeln und 10 Minuten bissfest dämpfen.

Für den Sesam-Dip das Öl in einer kleinen beschichteten Pfanne erhitzen. Den Knoblauch mit Chilipulver, etwas Salz und Pfeffer bei geringer Hitze 2–3 Minuten andünsten.

Die Pfanne vom Herd nehmen. Tahini und Joghurt unterrühren. Die Pfanne wieder auf den Herd stellen und 1–2 Minuten erhitzen, ohne dass die Masse kocht. Den Schnittlauch unterrühren.

Das Gemüse aus dem Dämpfer nehmen und auf einem vorgewärmten Servierteller anrichten. Mit Sesam und Schnittlauch bestreuen und mit dem Sesam-Dip servieren.

Taramosalata

Saucen & Dips

Zutaten für 8 Personen

- 225 g Weißbrot vom Vortag
- 350 g geräucherter Kabeljau-Rogen
- 2 Knoblauchzehen, gehackt
- 2 Scheiben Zwiebel
- 4 EL Zitronensaft
- 175 ml Olivenöl
- schwarze Kalamata-Oliven, zum Garnieren
- Baguette, zum Servieren

So geht's

Das Brot von der Rinde befreien, dann grob zerteilen und in eine Schüssel geben. Mit kaltem Wasser bedecken und 10 Minuten einweichen.

Unterdessen die Außenhaut vom Rogen abziehen. Mit Knoblauch, Zwiebel und Zitronensaft in die Küchenmaschine geben. Das Brot mit der Hand auspressen und ebenfalls in die Küchenmaschine geben. Alles 2 Minuten glatt pürieren.

Bei laufendem Gerät nach und nach das Öl hinzufügen, bis die Masse glatt und cremig ist. In eine Servierschale füllen und bis zum Servieren mit Frischhaltefolie abgedeckt im Kühlschrank aufbewahren.

Mit den Oliven garnieren und mit frischem Baguette servieren.

Skordalia

Saucen & Dips

Zutaten für 6 Personen

- 60 g Brot vom Vortag
- 150 g ganze Mandeln
- 4–6 große Knoblauchzehen, grob gehackt
- 150 ml natives Olivenöl extra
- 2 EL Weißweinessig
- Salz und Pfeffer
- frischer Koriander oder frische glatte Petersilie, zum Garnieren
- Sesam-Brotstangen Fertigprodukt, zum Servieren

So geht's

Das Brot von der Rinde befreien und in kleine Stücke schneiden. In eine Schüssel geben, mit Wasser bedecken und 10–15 Minuten quellen lassen. Das Brot gründlich ausdrücken und beiseitestellen.

Zum Blanchieren die Mandeln in eine Schüssel geben und mit kochendem Wasser bedecken. 30 Sekunden stehen lassen, dann abgießen. Die Haut sollte sich jetzt leicht abziehen lassen.

Mandeln und Knoblauch in eine Küchenmaschine geben und sehr fein zerkleinern. Das Brot zufügen und zu einer glatten Masse mixen.

Das Öl in einem dünnen Strahl zugießen, bis eine dicke Mayonnaise entsteht. Den Essig zugießen und erneut mixen. Mit Salz und Pfeffer würzen.

Die Mischung in eine Schüssel geben, abdecken und kalt stellen. Die Skordalia ist im Kühlschrank bis zu 4 Tage haltbar. Zum Servieren mit frischen Kräutern garnieren und dazu Sesam-Brotstangen reichen.

Bohnen-Dip mit Minze

Saucen & Dips

Zutaten für 6 Personen

- 175 g getrocknete weiße Bohnen
- 1 kleine Knoblauchzehe, zerdrückt
- 1 Bund Frühlingszwiebeln, in Ringe geschnitten
- 1 Handvoll frische Minze
- 2 EL Tahini (Sesampaste)
- 2 EL Olivenöl
- 1 TL gemahlener Kreuzkümmel
- 1 TL gemahlener Koriander
- 2–3 EL Zitronensaft
- Salz und Pfeffer
- frische Minzezweige, zum Garnieren
- frische Rohkost, zum Servieren, z. B. Blumenkohlröschen, Karotten, Salatgurke, Radieschen und Paprika

So geht's

Die Bohnen in eine Schüssel geben und mit kaltem Wasser bedecken. Mindestens 4 Stunden oder über Nacht einweichen.

Die Bohnen abtropfen lassen, mit kaltem Wasser abspülen. In einen Topf geben, mit Wasser bedecken, aufkochen und 10 Minuten sprudelnd kochen lassen. Die Hitze reduzieren und abgedeckt 60–90 Minuten köcheln lassen.

Die Bohnen abgießen, in die Küchenmaschine oder eine Schüssel geben. Knoblauch, Frühlingszwiebeln, Minze, Tahini und Öl zugeben und 15 Sekunden pürieren bzw. mit dem Kartoffelstampfer zerstampfen.

Die Gewürze und so viel Zitronensaft in die Masse einrühren, dass sie eine cremige Konsistenz annimmt. Mit Salz und Pfeffer abschmecken. Mit Frischhaltefolie abgedeckt 30 Minuten abkühlen lassen, aber nicht in den Kühlschrank stellen, damit sich die Aromen voll entfalten können.

Den Dip in Portionsschälchen geben und mit Minzezweigen garnieren. Die Schälchen auf große Servierteller stellen, Rohkost auf die Teller verteilen und bei Zimmertemperatur servieren.

Hummus mit Mohn-Sesam-Brot

Saucen & Dips

Zutaten für 8 Personen

- 350 g Kichererbsen aus der Dose, gewaschen und abgetropft
- 250 ml Tahini (Sesampaste)
- 4 Knoblauchzehen
- Saft von 3 Zitronen
- 6 EL Wasser
- Salz und Pfeffer
- 2 EL Olivenöl
- 2 EL frisch gehackte glatte Petersilie
- Cayennepfeffer, zum Garnieren
- schwarze Oliven, zum Servieren

Mohn-Sesam-Brot

- 50 g Sesamsaat, geröstet
- 125 g Mohnsaat
- 4 EL frisch gehackter Thymian
- 150 ml Olivenöl
- 6 Pita-Brote
- schwarze Oliven, zum Servieren

So geht's

Den Backofengrill vorheizen. Für das Brot Sesam, Mohn und Thymian in einem Mörser leicht zerdrücken und das Öl unterrühren. Die Pita-Brote durchschneiden und die Schnittseiten mit der Körner-Öl-Mischung bestreichen. Unter dem Grill goldbraun toasten. Auskühlen lassen und bis zum Verzehr luftdicht verschlossen aufbewahren.

Kichererbsen, Tahini, Knoblauch, Zitronensaft und 4 Esslöffel Wasser in der Küchenmaschine zu einer glatten Paste verarbeiten. Evtl. das restliche Wasser unterrühren. Alternativ die Zutaten mit einer Gabel zerdrücken.

Das Hummus in eine Servierschale füllen und salzen und pfeffern. Eine flache Mulde in die Oberfläche drücken und das Olivenöl hineingeben. Das Hummus bis zum Servieren mit Frischhaltefolie abgedeckt im Kühlschrank aufbewahren.

Vor dem Servieren das Hummus mit der Petersilie bestreuen und leicht mit Cayennepfeffer bestäuben. Dazu schwarze Oliven und Mohn-Sesam-Brot reichen.

Tapenade

Saucen & Dips

Zutaten für 6 Personen

Schwarze Tapenade

- 250 g eingelegte schwarze Oliven, abgetropft und entsteint
- 1 große Knoblauchzehe
- 1 EL grob gehackte Walnüsse
- 4 eingelegte Sardellenfilets, abgetropft
- 125 ml natives Olivenöl extra
- Zitronensaft, zum Abschmecken
- Pfeffer

Grüne Tapenade

- 250 g eingelegte grüne Oliven, abgetropft und entsteint
- 4 eingelegte Sardellenfilets, abgetropft
- 4 EL blanchierte Mandeln
- 1 EL abgetropfte eingelegte Kapern
- 125 ml natives Olivenöl extra
- ½–1 EL abgeriebene Orangenschale
- Pfeffer

Croûtes

- Baguettescheiben
- Olivenöl
- frische glatte Petersilie, fein gehackt, zum Garnieren

So geht's

Für die Schwarze Tapenade Oliven, Knoblauch, Walnüsse und Sardellen in der Küchenmaschine zu einer glatten Masse pürieren.

Bei laufendem Gerät nach und nach das Olivenöl zugießen. Mit Zitronensaft und Pfeffer abschmecken. In eine Schüssel füllen, mit Folie abdecken und kalt stellen.

Für die Grüne Tapenade Oliven, Sardellen, Mandeln und Kapern in eine Küchenmaschine geben und zu einer glatten Masse pürieren. Bei laufender Küchenmaschine langsam das Olivenöl zugießen. Mit Orangenschale und Pfeffer abschmecken. In eine Schüssel füllen und mit Frischhaltefolie abgedeckt kalt stellen.

Für die Croûtes die Baguettescheiben auf beiden Seiten knusprig rösten und sofort mit Olivenöl bepinseln. Die Croûtes mit Tapenade bestreichen und mit Petersilie garniert servieren.

Zaziki

Saucen & Dips

Zutaten für 8 Personen

- 1 Salatgurke
- 2 Knoblauchzehen
- 8 Frühlingszwiebeln
- 500 g Naturjoghurt
- 5 EL frisch gehackte Minze
- Salz und Pfeffer

Zum Servieren

- Mini-Pita-Brote (erhältlich im Asia-Shop)
- Sesam-Brotstangen Fertigprodukt

So geht's

Die Gurke putzen, aber nicht schälen, dann fein würfeln. Den Knoblauch fein hacken und die Frühlingszwiebeln in dünne Ringe schneiden.

Den Joghurt in einer Schüssel mit der Gabel glatt rühren.

Gurkenwürfel, Knoblauch, Frühlingszwiebeln und Minze unterziehen und abschmecken. In eine Servierschüssel geben und abgedeckt bis zum Verzehr im Kühlschrank aufbewahren. Mit Mini-Pita-Broten und Sesam-Brotstangen servieren.

Käsecreme mit Kräutern

Saucen & Dips

Zutaten für 4 Personen

- 15 g Butter
- 1 Knoblauchzehe, zerdrückt
- 3 Frühlingszwiebeln, fein gehackt
- 125 g Doppelrahmfrischkäse
- 2 EL frisch gehackte gemischte Kräuter, z. B. Petersilie, Schnittlauch, Majoran, Oregano und Basilikum
- 175 g alter Gouda, fein gerieben
- Pfeffer
- 4–6 dicke Scheiben Weißbrot
- Paprikapulver, zum Bestäuben
- Kräuterzweige, zum Garnieren

Zum Servieren

- gemischte Blattsalate
- Kirschtomaten

So geht's

Die Butter in einer kleinen Pfanne zerlassen. Knoblauch und Frühlingszwiebeln darin 3–4 Minuten weich dünsten und etwas abkühlen lassen.

Den Frischkäse in einer großen Schüssel glatt rühren. Knoblauch und Frühlingszwiebeln zugeben. Anschließend die Kräuter einrühren und alles gut vermengen.

Den Gouda zufügen, mit Pfeffer würzen und die Mischung zu einer festen Paste vermischen. Abdecken und bis zum Servieren kalt stellen.

Die Brotscheiben von beiden Seiten toasten und dann die Krusten abschneiden. Jede Brotscheibe waagerecht in zwei dünne Hälften und diese in Dreiecke schneiden. Dann die nicht getoasteten Seiten unter einem Grill goldbraun rösten.

Den Salat mit den Kirschtomaten anrichten. Die Käsepaste daraufgeben und mit ein wenig Paprikapulver bestreuen. Mit Kräuterzweigen garnieren und mit dem Toast servieren.

Geflügelaufstrich

Saucen & Dips

Zutaten für 8 Personen

- 225g Hähnchenbrustfilet, gegart
- 100g magerer Kochschinken, in Scheiben geschnitten
- 1 Bund Petersilie
- 1 TL geriebene Limettenschale
- 2 EL Limettensaft
- 1 Knoblauchzehe, geschält
- 125g Magerquark oder fettarmer Naturjoghurt
- Salz und Pfeffer
- 1 EL Limettenzesten, zum Garnieren

Zum Servieren

- Limettenspalten
- Knäckebrot

So geht's

Hähnchenfilet und Kochschinken grob würfeln.

Mit Petersilie, Limettenschale, -saft und Knoblauch in die Küchenmaschine geben und zerkleinern oder die Zutaten von Hand fein hacken und in einer Schüssel mit dem Limettensaft und der Limettenschale gut vermischen.

Die Mischung mit dem Quark oder Joghurt verrühren und mit Salz und Pfeffer abschmecken. Abdecken und etwa 30 Minuten kalt stellen.

Den Geflügelaufstrich in Portionsschälchen füllen und mit Limettenzesten garnieren. Limettenspalten und Knäckebrot dazu reichen.

Aioli

Saucen & Dips

Zutaten für 8 Personen

- 4 Knoblauchzehen
- 1–2 EL Zitronensaft
- 2 Eigelb
- 250 ml Olivenöl
- Salz und Pfeffer

Zum Servieren

- Rohkost (s. S. 36)
- 8 hart gekochte Eier, gepellt

So geht's

Die Knoblauchzehen in eine Glasschüssel legen, mit einer Prise Salz bestreuen und mit einem Löffel zerdrücken. Das Eigelb zugeben und kurz mit dem Handrührgerät schaumig schlagen.

Das Öl sehr langsam portionsweise zugießen und dabei mit dem Rührgerät weiterschlagen, bis die Mischung eindickt. Das restliche Öl dann ebenso langsam zugießen und ständig weiterschlagen.

So viel Zitronensaft zugeben, bis die Mayonnaise die richtige Konsistenz hat. Nach Geschmack mit Salz und Pfeffer nachwürzen. Mit Frischhaltefolie abdecken und bis zum Verzehr im Kühlschrank aufbewahren.

Vor dem Servieren das Aioli wieder auf Zimmertemperatur bringen und in eine Servierschüssel geben. Die Rohkost mit den Eiern auf einer Servierplatte anrichten und dazu Aioli reichen.

Guacamole

Saucen & Dips

Zutaten für 8 Personen

- 4 Avocados
- 2 Knoblauchzehen
- 4 Frühlingszwiebeln
- 3 frische rote Chilis
- 2 rote Paprika
- 5 EL Olivenöl
- Saft von 1½ Limetten
- Salz
- frisch gehackter Koriander, zum Garnieren
- Tortilla-Chips, zum Servieren

So geht's

Die Avocados halbieren und entkernen. Das Fruchtfleisch mit einem Löffel von der Schale lösen. In eine Schüssel geben und mit einer Gabel grob zerdrücken.

Knoblauchzehen, Frühingszwiebeln, Chilis und Paprika fein hacken und mit dem Avocadopüree verrühren. 4 Esslöffel Öl und den Limettensaft unterrühren. Mit Salz abschmecken. Für eine cremigere Konsistenz sämtliche Zutaten in der Küchenmaschine pürieren.

Guacamole in eine Servierschüssel geben. Mit dem restlichen Öl beträufeln, mit gehacktem Koriander bestreuen und servieren. Dazu Tortilla-Chips reichen.

Makrelenpaste

Saucen & Dips

Zutaten für 4 Personen

- 350 g geräucherte Makrele
- 175 g Butter, zerlassen
- 100 g Schlagsahne
- 3 EL Zitronensaft
- Salz und Pfeffer
- 1 Prise Cayennepfeffer

So geht's

Den Fisch häuten und entgräten. In die Küchenmaschine geben und mit der Hälfte der Butter zu einer glatten Paste verarbeiten.

Die Masse in eine Schüssel füllen und nach und nach die restliche Butter, Sahne und Zitronensaft unterrühren. Dann mit Salz und Pfeffer abschmecken.

In eine Servierschale füllen und mit dem Cayennepfeffer bestreuen.

Vor dem Servieren mit Frischhaltefolie abgedeckt mindestens 1 Stunde in den Kühlschrank stellen.

Paprika-Dip

Saucen & Dips

Zutaten für 8 Personen

- 3 rote Paprika, halbiert
- 225 g Doppelrahm-frischkäse oder Sahnequark
- ½ TL Cayennepfeffer
- Salz

Zum Servieren

- Kirschtomaten
- Radieschen
- Radicchioblätter
- Champignons, halbiert
- Blumenkohlröschen
- Stangensellerie, in Stücke geschnitten

So geht's

Den Backofengrill vorheizen. Die Paprikahälften mit der Schnittseite nach unten auf ein Backblech legen und 10–15 Minuten rösten, bis die Haut Blasen wirft und schwarz wird. Die Paprikahälften in einen Gefrierbeutel geben, verschließen und kurz abkühlen lassen.

Die Paprika aus dem Beutel nehmen und häuten. Das Fruchtfleisch grob hacken, in der Küchenmaschine zu einem glatten Püree verarbeiten und in eine Servierschale füllen.

Frischkäse oder Quark sorgfältig unterrühren. Mit Cayennepfeffer und Salz abschmecken. Mit Frischhaltefolie abgedeckt kalt stellen.

Zum Servieren die Schale mit dem Paprika-Dip auf einen großen Servierteller stellen und die Gemüse-Rohkost darauf anrichten.

Himmlischer Knoblauch-Dip

Saucen & Dips

Zutaten für 4 Personen

- 2 Knoblauchknollen
- 6 EL Olivenöl
- 1 kleine Zwiebel, fein gehackt
- 2 EL Zitronensaft
- 3 EL Tahini (Sesampaste)
- 2 EL frisch gehackte Petersilie
- Salz und Pfeffer
- frische Rohkost, zum Servieren
- Baguette oder warme Pita-Brote, zum Servieren

So geht's

Den Backofen auf 200 °C vorheizen. Die Knoblauchknollen in einzelne Zehen zerteilen. Auf ein Backblech legen und im vorgeheizten Backofen 8–10 Minuten rösten. Beiseitestellen und einige Minuten abkühlen lassen.

Die Knoblauchzehen schälen und fein hacken.

Das Öl in einer Pfanne erhitzen. Knoblauch und Zwiebel zugeben und unter gelegentlichem Rühren bei geringer Hitze 8–10 Minuten weich dünsten. Dann die Pfanne wieder vom Herd nehmen.

Zitronensaft, Tahini und Petersilie einrühren. Salzen und pfeffern, dann in eine kleine feuerfeste Schüssel geben und warm stellen.

Den fertigen Dip mit der frischen Rohkost, Baguette oder warmen Pita-Broten servieren.

Auberginenmus mit Sesam

Saucen & Dips

Zutaten für 4 Personen

- 1 Aubergine
- 4–6 EL Olivenöl
- Saft von 1–2 Zitronen
- 4–6 EL Tahini (Sesampaste)
- 1–2 Knoblauchzehen, zerdrückt
- 1 TL Sesamsaat, zum Garnieren

So geht's

Den Backofengrill oder eine Grillpfanne vorheizen und die Aubergine unter häufigem Wenden rösten, bis die Haut schwarze Blasen wirft.

Die Aubergine etwas abkühlen lassen und der Länge nach halbieren. Das Fruchtfleisch mit einem Löffel auslösen und in einer Schüssel mit einer Gabel grob zerdrücken.

Nach und nach Öl, Zitronensaft, Tahini und Knoblauch unterrühren, bis die gewünschte Konsistenz und Würze erreicht sind.

Das Auberginenmus in eine Servierschale füllen. Wenn es nicht sofort serviert wird, mit Frischhaltefolie abgedeckt im Kühlschrank aufbewahren. 30 Minuten vor dem Servieren herausnehmen. Das Auberginenmus sollte wieder zimmerwarm sein.

Kurz vor dem Servieren die Sesamsaat in einer sehr heißen beschichteten Pfanne ohne Fett einige Sekunden anrösten und über das Auberginenmus streuen.

Kräuterrahm-Dip

Saucen & Dips

Zutaten für 4 Personen

- 225 g Doppelrahm-frischkäse
- 125 g Naturjoghurt oder saure Sahne
- 1 EL frisch gehackte Petersilie
- 1 EL frisch gehackter Thymian
- 2 Frühlingszwiebeln, fein gehackt

So geht's

Den Frischkäse in einer Schüssel glatt und cremig rühren.

Joghurt oder saure Sahne, Kräuter und 1 gehackte Frühlingszwiebel sorgfältig unterziehen.

Mit Frischhaltefolie abgedeckt mindestens 30 Minuten kalt stellen. Gründlich umrühren und in eine Servierschale füllen.

Den Dip vor dem Servieren mit der zweiten gehackten Frühlingszwiebel bestreuen.

Warme Salsa-Nachos

Saucen & Dips

Zutaten für 4 Personen

- 1–2 frische Jalapeño-Chilis
- 2 Pckg. Nachos oder Tortilla-Chips
- 125 g geriebener Käse
- 2 EL frisch gehackter Koriander, zum Garnieren

Zum Servieren

- Tomaten-Salsa
- Guacamole (s. S. 32)
- saure Sahne

So geht's

Den Backofen auf 190 °C vorheizen. Die Chilis in feine Ringe schneiden.

Die Nachos oder Tortilla-Chips in eine flache Auflaufform geben. Die Chiliringe darauf verteilen und mit dem Käse bestreuen. Im Backofen 5–10 Minuten überbacken, bis der Käse geschmolzen ist.

Die Nachos oder Tortilla-Chips mit dem gehackten Koriander garnieren und sofort mit Tomaten-Salsa, Guacamole und saurer Sahne servieren.

Rohkost mit Bagna cauda

Saucen & Dips

Zutaten für 8 Personen

- 1 gelbe Paprika, geputzt
- 3 Selleriestangen
- 2 Karotten
- 125 g Champignons
- ½ Blumenkohl
- 1 Fenchelknolle
- 1 Bund Frühlingszwiebeln
- 2 Rote Bete, gekocht und geschält
- 8 Radieschen
- 225 g neue Kartoffeln, gekocht
- 225 ml Olivenöl
- 5 Knoblauchzehen, zerdrückt
- 50 g Sardellenfilets in Öl, abgetropft und gehackt
- 115 g Butter
- Ciabattabrot, zum Servieren

So geht's

Die Paprika in dicke Streifen, den Sellerie in 7,5 cm lange Stücke und die Karotten in Stifte schneiden. Die Champignons kreuzförmig einschneiden. Den Blumenkohl in Röschen teilen. Den Fenchel längs halbieren, dann in 4 Streifen schneiden. Die Frühlingszwiebeln putzen. Die Rote Bete achteln, die Radieschen putzen und große Kartoffeln halbieren. Das vorbereitete Gemüse auf einer großen Servierplatte ansprechend anrichten.

Das Öl langsam in einer Pfanne erhitzen. Knoblauch und Sardellen unter Rühren sanft darin anbraten, bis die Sardellen zerfallen. Den Knoblauch nicht bräunen oder anbrennen lassen.

Die Butter zugeben und zerlassen, dann sofort mit dem Gemüse und reichlich Ciabattabrot servieren.

Herzhaftes Gebäck

Feta-Spinat-Hörnchen

Herzhaftes Gebäck

Zutaten für 16 Stück

- 450 g Blattspinat, dicke Stiele entfernt
- 4 Schalotten, fein gehackt
- 2 Eier, leicht verquirlt
- 1 EL frisch gehackte Petersilie
- 1 EL frisch gehackter Dill
- 350 g Feta
- Salz und Pfeffer
- 2 Blätter Filo-Teig (ca. 30 cm x 30 cm)
- Olivenöl, zum Bestreichen

So geht's

Den Backofen auf 190 °C vorheizen. Einen großen Topf 1 cm hoch mit Wasser füllen und dieses aufkochen. Den Spinat unter einmaligem Wenden 1–2 Minuten dünsten, bis die Blätter zusammenfallen. Den Spinat abtropfen lassen und möglichst viel Flüssigkeit ausdrücken. Den Spinat fein hacken und mit Schalotten, Eiern, Petersilie und Dill in eine Schüssel geben. Den Feta hineinkrümeln. Leicht salzen und pfeffern, alles sorgfältig mischen.

Die Teigblätter mit Frischhaltefolie abdecken, damit sie nicht austrocknen. Ein Teigblatt mit Öl bestreichen, in 4 Quadrate schneiden und diese diagonal halbieren. Etwas Füllung mittig auf der langen Seite des Teigdreiecks verteilen, dabei einen kleinen Rand lassen. Den Teig locker aufrollen, zu einem Hörnchen formen und auf ein Backblech legen. Mit den anderen Dreiecken und dem zweiten Teigblatt ebenso verfahren.

Die Hörnchen mit Öl bestreichen und im Ofen 25 Minuten goldbraun und knusprig backen. Fünf Minuten auf dem Backblech ruhen lassen, auf ein Kuchengitter heben und vollständig auskühlen lassen. Zimmerwarm servieren.

Knoblauch-Nuss-Törtchen

Herzhaftes Gebäck

Zutaten für 4 Personen

- 4 Scheiben Weizenvollkornbrot
- 50 g Pinienkerne
- 150 g Butter
- 5 Knoblauchzehen, geschält und halbiert
- 2 EL frisch gehackter Oregano
- 4 schwarze Oliven, halbiert
- Oreganozweige, zum Garnieren

So geht's

Das Brot mit einem Nudelholz leicht flach walzen. Mit einer Ausstechform 4 Kreise von mindestens 10 cm Ø aus den Scheiben stechen und in Tartelettformen einpassen. Die Brotreste aufbewahren und mindestens 10 Minuten in den Kühlschrank legen.

Den Backofengrill vorheizen. Unterdessen die Pinienkerne auf ein Backblech legen und unter dem vorgeheizten Grill 2–3 Minuten goldbraun rösten. Vorsicht, die Pinienkerne brennen schnell an! Die Grillfunktion ausschalten und den Backofen auf 200 °C regeln.

Brotreste, Pinienkerne, Butter, Knoblauch und Oregano im Mixer zu einer groben Paste verarbeiten. Als Alternative kann auch ein Mörser verwendet werden.

Die fertige Mischung auf die in die Tartelettformen eingepassten Brotkreise geben und mit den Oliven garnieren. Dann 10–15 Minuten im vorgeheizten Backofen goldbraun backen.

Die fertigen Törtchen aus den Formen lösen, auf Teller verteilen und noch warm mit frischem Oregano garniert servieren.

Böreks

Herzhaftes Gebäck

Zutaten für 20 Stück

- 225 g Feta
- 2 EL frisch gehackte Minze
- 2 EL frisch gehackte Petersilie
- 1½ EL frisch gehackter Dill
- 1 Prise frisch geriebene Muskatnuss
- Pfeffer
- 10 Blätter Filo-Teig (ca. 12 cm x 18 cm)
- Olivenöl, zum Bestreichen

So geht's

Den Backofen auf 190 °C vorheizen. Den Feta in eine Schüssel krümeln und die Kräuter sowie Muskat dazugeben. Mit Pfeffer würzen und sorgfältig mischen.

Die Teigblätter mit Frischhaltefolie abdecken, damit sie nicht austrocknen. Ein Teigblatt mit Öl bestreichen, ein zweites darauflegen und ebenfalls mit Öl bestreichen. Der Länge nach halbieren. Eine teelöffelgroße Portion Fetamischung auf eine Ecke setzen. Den Teig im 45°-Winkel darüberschlagen und bis zum Ende des Streifens falten, sodass eine dreieckige Teigtasche entsteht.

Mit den restlichen Teigblättern ebenso verfahren. Die Böreks auf ein Backblech legen, mit etwas Öl bestreichen und im Ofen 15–20 Minuten goldbraun und knusprig backen. Auf ein Kuchengitter heben und vollständig auskühlen lassen. Zimmerwarm servieren. Böreks eignen sich auch zum Frittieren.

Quiches mit Pesto & Ziegenkäse

Herzhaftes Gebäck

Zutaten für 20 Stück

- Mehl, zum Bestäuben
- 200 g Blätterteig, Tiefkühlware aufgetaut
- 3 EL Pesto
- 20 Kirschtomaten, in je 3 Scheiben geschnitten
- 125 g Ziegenfrischkäse
- Salz und Pfeffer
- Basilikumblätter, zum Garnieren

So geht's

Den Backofen auf 200 °C vorheizen und ein Backblech leicht mit Mehl bestäuben. Den Teig auf einer bemehlten Arbeitsfläche 3 mm dick ausrollen. Mit einer runden Ausstechform (5 cm Ø) 20 Kreise daraus ausstechen und diese auf dem bemehlten Backblech verteilen.

Jeden Teigkreis mit etwas Pesto bestreichen; dabei einen kleinen Rand frei lassen. Den Pesto mit jeweils 3 Tomatenscheiben belegen.

Den Ziegenkäse über die Tomaten bröckeln und alles salzen und pfeffern. Die Quiches etwa 10 Minuten in den vorgeheizten Ofen stellen. Sofort mit Basilikumblättern garniert servieren.

Kartoffel-Spinat-Taschen

Herzhaftes Gebäck

Zutaten für 4 Personen

- 225 g festkochende Kartoffeln
- 500 g Blattspinat
- 2 EL Wasser
- 1 Tomate, gewürfelt
- ½ TL Chilipulver
- ½ TL Zitronensaft
- Salz und Pfeffer
- 225 g Filo-Teig
- 25 g Butter, zerlassen, plus etwas mehr zum Einfetten
- frischer grüner Salat, zum Servieren

Zitronen-Mayonnaise

- 150 g Mayonnaise
- 2 TL Zitronensaft
- abgeriebene Schale von 1 Zitrone

So geht's

Die Kartoffeln schälen, würfeln und in einem Topf mit kochendem Wasser 10 Minuten weich garen. Abgießen und in eine Schüssel geben.

Unterdessen den Spinat mit den 2 Esslöffeln Wasser in einen Topf geben, den Deckel aufsetzen und 2 Minuten dünsten, bis der Spinat leicht zusammengefallen ist. Abgießen und zu den Kartoffeln geben.

Tomate, Chilipulver und Zitronensaft zufügen, alles verrühren und gut mit Salz und Pfeffer abschmecken.

Den Backofen auf 200 °C vorheizen und ein Backblech leicht mit Butter einfetten. Die Teigblätter leicht mit zerlassener Butter einpinseln und je 2 davon aufeinanderlegen. Die doppellagigen Teigstücke in etwa 20 cm x 8 cm große Streifen schneiden.

Die Kartoffel-Spinat-Füllung auf je eine Ecke der Teigstreifen legen. Den Teig im 45 °-Winkel darüberschlagen und bis zum Ende der Streifen weiterfalten, sodass dreieckige Teigtaschen entstehen.

Die Teigtaschen auf das Backblech legen und im vorgeheizten Backofen 20 Minuten goldbraun backen. Für die Mayonnaise alle Zutaten in einer Schüssel verrühren. Die Teigtaschen warm oder kalt mit der Mayonnaise und frischem grünem Salat servieren.

Quiche Lorraine

Herzhaftes Gebäck

Zutaten für 1 Quiche (24 cm x 24 cm)

Pasteten-Mürbeteig

- 175 g Mehl, plus etwas mehr zum Bestäuben
- 1 Prise Salz
- 125 g Butter, gewürfelt
- 25 g Pecorino, gerieben
- 4–6 EL Eiswasser

Belag

- 125 g Gruyère, in dünne Scheiben geschnitten
- 50 g Roquefort, zerkrümelt
- 175 g Schinkenspeckwürfel
- 3 Eier
- 125 g Schlagsahne
- Salz und Pfeffer

So geht's

Für den Teig Mehl und Salz in eine Schüssel sieben. Die Butter mit den Fingern einarbeiten, bis ein krümeliger Teig entsteht. Den Käse untermischen und so viel Wasser einkneten, bis der Teig geschmeidig wird. Zu einer Kugel formen und in Frischhaltefolie eingeschlagen. 15 Minuten im Kühlschrank ruhen lassen.

Den Backofen auf 190 °C vorheizen. Den Teig auf einer leicht bemehlten Arbeitsfläche ausrollen und eine quadratische Springform (24 cm Seitenlänge) damit auslegen. Die Form auf ein Backblech setzen. Den Teig mehrmals mit einer Gabel einstechen, mit Backpapier auslegen und mit getrockneten Bohnen beschweren. Im Ofen 15 Minuten blindbacken. Backpapier und Bohnen entfernen und den Boden weitere 5–7 Minuten goldbraun backen. Leicht abkühlen lassen.

Für den Belag beide Käsesorten gleichmäßig auf dem Teigboden verteilen und mit den Speckwürfeln bestreuen. Eier und Sahne in einer Schüssel gut verquirlen. Salzen und pfeffern. Über die Speckwürfel gießen und 20 Minuten im Ofen backen, bis die Eimasse fest und goldbraun ist.

Die Quiche 10 Minuten in der Backform abkühlen lassen. Auf ein Kuchengitter heben und vollständig auskühlen lassen. Bis zum Servieren abgedeckt im Kühlschrank aufbewahren. Zimmerwarm servieren.

Ingwer-Krebsfleisch-Taschen

Herzhaftes Gebäck

Zutaten für 12 Stück

- Butter, zum Einfetten
- 200 g Krebsfleisch aus der Dose, abgetropft
- 6 Frühlingszwiebeln, fein gehackt
- 2 TL Sojasauce
- 2,5-cm-Stück frischer Ingwer, gerieben
- Pfeffer
- 12 Blätter Filo-Teig (ca. 20 cm x 30 cm)
- 75 g Butter, zerlassen
- gehackte Frühlingszwiebel, zum Garnieren

So geht's

Den Backofen auf 180 °C vorheizen und ein Backblech mit Butter einfetten. Krebsfleisch mit Frühlingszwiebeln, Sojasauce und Ingwer in einer Schüssel vermengen, pfeffern und beiseitestellen. Ein Filo-Teigblatt mit etwas zerlassener Butter bestreichen, dann längs falten und erneut buttern; die übrigen Teigblätter mit einem Tuch abdecken.

1 Löffel Krebsfleischmischung auf eine Schmalseite des vorbereiteten Teigblatts geben. Einen Teigzipfel schräg über die Füllung falten, sodass ein rechtwinkliges Dreieck entsteht. Dieses so lange nach unten bzw. zur Seite klappen, bis der Teigstreifen zu einem dreieckigen Paket geworden ist.

Das fertige Paket auf das vorbereitete Backblech legen. Mit den übrigen Teigblättern und der restlichen Krebsfleischmischung ebenso verfahren. Die fertigen Pakete mit zerlassener Butter bestreichen und im vorgeheizten Backofen 20–25 Minuten knusprig und goldbraun backen. Dann mit gehackten Frühlingszwiebeln garnieren und warm servieren.

Thymianhörnchen

Herzhaftes Gebäck

Zutaten für 8 Stück

- 250 g Blätterteig, Tiefkühlware, aufgetaut
- Mehl, zum Bestäuben
- 100 g weiche Butter, plus etwas mehr zum Einfetten
- 1 Knoblauchzehe, zerdrückt
- 1 TL Zitronensaft
- 1 TL getrockneter Thymian
- Salz und Pfeffer

So geht's

Den Teig auf einer leicht mit Mehl bestäubten Arbeitsfläche zu einem Teigkreis (etwa 25 cm Ø) ausrollen und in 8 Dreiecke schneiden.

Butter, Knoblauch, Zitronensaft und Thymian in einer kleinen Schüssel mischen und mit Salz und Pfeffer würzen.

Die Dreiecke gleichmäßig mit der Butter-Thymian-Mischung bestreichen. Jedes Dreieck von seinem breiten Ende aus vorsichtig aufrollen. Die entstandenen Hörnchen 30 Minuten kalt stellen.

Den Backofen auf 200 °C vorheizen. Ein Backblech leicht einfetten und mit kaltem Wasser besprühen, damit beim Backen Feuchtigkeit entsteht und der Teig gut aufgehen kann.

Die Hörnchen auf das Blech legen und im vorgeheizten Backofen 10–15 Minuten goldbraun backen.

Spinat-Kartoffel-Pastete

Herzhaftes Gebäck

Zutaten für 4 Personen

- 350 g Blätterteig, Tiefkühlware aufgetaut
- Mehl, zum Bestäuben
- 450 g frischer Spinat oder Mangold, gewaschen
- Salz und Pfeffer
- ½ TL fein geriebene Muskatnuss
- Butter, zum Einfetten
- 350 g kleine neue Kartoffeln, gekocht, geschält und in dicke Scheiben geschnitten
- 225 g Mozzarella, in Scheiben geschnitten oder gerieben
- 1 Ei
- 1 EL Wasser

So geht's

Den Backofen auf 190 °C vorheizen. Den Blätterteig auf einer leicht bemehlten Arbeitsfläche zu einem Rechteck ausrollen und in ein großes (⅔) und ein kleines Rechteck (⅓) teilen. Die Kanten gerade schneiden. Die Teigreste für die Verzierung aufbewahren.

Den Teig 10 Minuten ruhen lassen. Den Spinat bei mittlerer Hitze 3–4 Minuten dünsten. Abgießen, hacken und mit Salz, Pfeffer und Muskat würzen. Das größere Rechteck auf ein eingefettetes Backblech legen, mit Kartoffelscheiben belegen, dabei ringsum einen Rand lassen. Salzen und pfeffern. Den Spinat auf den Kartoffeln verteilen, mit dem Käse bestreuen und mit den restlichen Kartoffeln belegen.

Ei und Wasser in einer Schale verquirlen. Die Teigränder nach oben klappen und mit Ei bestreichen. Mit dem kleineren Rechteck bedecken und die Ränder leicht andrücken.

Die Pastete mit Ei bestreichen. Die Teigreste ausrollen, Formen ausstechen, die Pastete damit verzieren und ebenfalls mit Ei bestreichen. Die Pastete im Ofen 30 Minuten backen. Vor dem Anschneiden und Servieren 5 Minuten ruhen lassen.

Pilz-Zwiebel-Quiche

Herzhaftes Gebäck

Zutaten für 4 Personen

- Butter, zum Einfetten
- 1 Rezeptmenge Pasteten-Mürbeteig (s. S. 60), gekühlt
- Mehl, zum Bestäuben

Füllung

- 50 g Butter
- 3 rote Zwiebeln, halbiert und in Ringe geschnitten
- 350 g gemischte Wildpilze, z. B. Steinpilze, Pfifferlinge, Morcheln
- 2 TL frisch gehackter Thymian
- 1 Ei
- 2 Eigelb
- 100 g Schlagsahne
- Salz und Pfeffer

So geht's

Den Backofen auf 190 °C vorheizen. Eine Quicheform (22 cm Ø) dünn mit Butter ausstreichen. Den Teig auf einer leicht bemehlten Arbeitsfläche ausrollen, die Form damit auslegen und den Teigboden mit einer Gabel einstechen. 30 Minuten kalt stellen, dann mit Alufolie auslegen, mit getrockneten Bohnen belegen und 25 Minuten blindbacken. Alufolie und Bohnen entfernen und den Teig in der Form auf einem Kuchengitter abkühlen lassen. Den Ofen auf 180 °C herunterschalten.

Für die Füllung die Butter in einer großen Pfanne zerlassen. Die Zwiebeln hineingeben, abdecken und bei geringer Hitze unter gelegentlichem Rühren 20 Minuten dünsten. Pilze und Thymian zugeben und unter gelegentlichem Rühren weitere 10 Minuten dünsten. Die Mischung auf dem abgekühlten Quicheboden verteilen und die Form auf ein Backblech stellen.

Ei, Eigelb und Sahne leicht verquirlen und salzen und pfeffern. Die Mischung über die Pilzfüllung gießen. 20 Minuten im Ofen backen, bis die Füllung gestockt ist. Heiß oder warm servieren.

Linsen-Paprika-Tarte

Herzhaftes Gebäck

Zutaten für 6 Personen

Teig

- 225 g Weizenvollkornmehl, plus etwas mehr zum Bestäuben
- 100 g Pflanzenmargarine, in Flocken
- 4 EL Wasser

- **Füllung**
- 175 g rote Linsen, gewaschen
- 300 ml Gemüsebrühe
- 15 g Pflanzenmargarine
- 1 Zwiebel, gehackt
- 2 rote Paprika, gewürfelt
- 1 TL Hefe-Extrakt
- 1 EL Tomatenmark
- 3 EL frisch gehackte Petersilie
- Pfeffer

So geht's

Für den Teig das Mehl in eine Schüssel geben. Die Margarine mit den Fingern einarbeiten, bis ein krümeliger Teig entsteht. Das Wasser zufügen und alles zu einem glatten Teig verkneten. Den Teig 30 Minuten kalt stellen.

Für die Füllung Linsen und Brühe in einem Topf aufkochen. Die Hitze reduzieren und alles 10 Minuten köcheln lassen, bis die Linsen sehr weich sind.

Die Margarine in einem kleinen Topf zerlassen, Zwiebel und Paprika darin weich dünsten.

Linsen, Hefe-Extrakt, Tomatenmark und Petersilie zugeben. Alles mit Pfeffer würzen und gut vermengen.

Den Backofen auf 200 °C vorheizen. Den Teig auf einer bemehlten Arbeitsfläche ausrollen und eine Tarteform mit Hebeboden (24 cm Ø) damit auslegen. Den Teigboden mehrmals mit einer Gabel einstechen und die Linsenmischung darauf verteilen.

Die so vorbereitete Tarte im vorgeheizten Backofen 30 Minuten backen.

Nuss-Pastete mit Champignons

Herzhaftes Gebäck

Zutaten für 6 Personen

Teig
- 100 g Margarine, gewürfelt
- 225 g Weizenvollkornmehl
- 4 EL Wasser
- Magermilch, zum Bestreichen

Füllung
- 2 EL Margarine
- 1 Zwiebel, gehackt
- 1 Knoblauchzehe, fein gehackt
- 125 g Champignons, in Scheiben geschnitten
- 1 EL Mehl
- 150 ml Gemüsebrühe
- 175 g Paranüsse
- 1 EL Tomatenmark
- 75 g Vollkornsemmelbrösel
- 2 EL frisch gehackte Petersilie
- ½ TL Pfeffer

So geht's

Die Margarine mit den Fingern in das Mehl einarbeiten, bis ein krümeliger Teig entsteht. Das Wasser zugeben, alles zu einem glatten Teig verkneten. Den Teig in Frischhaltefolie wickeln und 30 Minuten kalt stellen.

Für die Füllung die Margarine in einer Pfanne zerlassen. Zwiebel, Knoblauch und Pilze darin 5 Minuten weich dünsten. Das Mehl zugeben und unter Rühren 1 Minute anschwitzen. Langsam die Brühe einrühren, bis eine glatte, sämige Sauce entsteht.

Den Backofen auf 200 °C vorheizen. Die Nüsse hacken, dann zusammen mit Tomatenmark, Semmelbröseln, Petersilie und Pfeffer zu der Pilzmischung in die Pfanne geben und alles verrühren. Die Füllung etwas abkühlen lassen.

Zwei Drittel des Teiges ausrollen und eine runde Springform (20 cm Ø) damit auslegen. Die Füllung darauf verteilen. Die Teigränder mit Milch bestreichen. Den restlichen Teig ausrollen und auf die Füllung legen. Die Teigränder zusammendrücken, die Oberfläche leicht einritzen und mit Milch bestreichen.

Die Pastete im Backofen 30–40 Minuten goldbraun backen. Heiß servieren.

Neptuns Schatzbeutel

Herzhaftes Gebäck

Zutaten für 24 Stück

- 100 g roter Lachs aus der Dose, abgetropft
- 100 g Krebsfleisch aus der Dose, abgetropft
- 2 EL frisch gehackte Petersilie
- 8 Frühlingszwiebeln, fein gehackt
- 8 Blätter Filo-Teig (ca. 20 x 30 cm)
- zerlassene Butter, zum Bestreichen
- Maiskeimöl, zum Einfetten

So geht's

Den Lachs häuten und entgräten, in eine Schüssel geben und mit einer Gabel grob zerkleinern. Das Krebsfleisch in einer zweiten Schüssel ebenfalls zerkleinern. Jeweils die Hälfte der Petersilie und der Frühlingszwiebeln in die Schüsseln geben und gut unterrühren.

Den Backofen auf 200 °C vorheizen. Die Teigblätter mit Frischhaltefolie abdecken, damit sie nicht austrocknen. Ein Teigblatt mit Butter bestreichen, ein zweites Blatt darauflegen und in 10 cm x 10 cm große Quadrate schneiden. Teelöffelgroße Portionen Lachs in die Mitte der Quadrate setzen. Die Kanten mit Butter bestreichen und zu Beuteln formen. Zum Schließen gut zusammenpressen. Den Vorgang mit zwei weiteren Blättern und der Lachsmischung wiederholen, dann ebenso mit der Krebsfleischmischung verfahren.

Ein Backblech leicht einfetten und die Beutel darauflegen. Im Ofen 15 Minuten goldbraun backen und warm servieren.

Spinatpastete

Herzhaftes Gebäck

Zutaten für 4 Personen

- Butter, zum Einfetten
- 2 Rezeptmengen Pasteten-Mürbeteig (s. S. 60), gekühlt
- Mehl, zum Bestäuben
- 1 Ei, leicht verquirlt, zum Bestreichen

Füllung

- 450 g Spinat, Tiefkühlware aufgetaut
- 2 EL Olivenöl
- 1 große Zwiebel, gehackt
- 2 Knoblauchzehen, fein gehackt
- 2 Eier, leicht verquirlt
- 225 g Ricotta
- 50 g frisch geriebener Parmesan
- 1 Prise frisch geriebene Muskatnuss
- Salz und Pfeffer

So geht's

Den Backofen auf 200 °C vorheizen. Für die Füllung den Spinat abtropfen lassen und so viel Flüssigkeit wie möglich herauspressen. Das Olivenöl in einer großen Pfanne erhitzen. Die Zwiebel hineingeben und unter gelegentlichem Rühren 5 Minuten weich dünsten. Knoblauch und Spinat zugeben und unter gelegentlichem Rühren 10 Minuten garen. Die Pfanne vom Herd nehmen und leicht abkühlen lassen, dann Eier, Ricotta und Parmesan unterrühren. Mit Muskatnuss, Salz und Pfeffer würzen.

Eine Tarteform mit Hebeboden (24 cm Ø) dünn mit Butter ausstreichen. ⅔ des Teigs auf einer leicht bemehlten Arbeitsfläche ausrollen. Die Form so mit dem Teig auslegen, dass er an der Kante übersteht. Die Spinatmischung hineingeben und gleichmäßig verteilen.

Den restlichen Teig auf einer leicht bemehlten Arbeitsfläche ausrollen und in 1 cm breite Streifen schneiden. Diese Streifen gitterförmig über die Pastete legen und am Rand festdrücken, überstehende Teigreste abschneiden. Mit dem Ei bestreichen und 45 Minuten im Ofen goldbraun backen. Die Pastete auf einem Kuchengitter ein wenig abkühlen lassen, dann erst aus der Form nehmen.

Tarte provençale

Herzhaftes Gebäck

Zutaten für 6 Personen

- 200 g Blätterteig, Tiefkühlware aufgetaut
- Mehl, zum Bestäuben
- 3 EL Olivenöl
- 2 rote Paprika, gewürfelt
- 2 grüne Paprika, gewürfelt
- 150 g Schlagsahne
- 1 Ei
- Salz und Pfeffer
- 2 Zucchini, in Scheiben geschnitten

So geht's

Den Teig auf einer leicht bemehlten Arbeitsfläche ausrollen und eine Springform (20 cm Ø) damit auslegen. Anschließend 20 Minuten kalt stellen.

Unterdessen den Backofen auf 180 °C vorheizen. 2 Esslöffel Olivenöl in einer Pfanne erhitzen, die Paprikawürfel zufügen und etwa 8 Minuten unter Rühren weich dünsten. Sahne und Ei in einer Schüssel verquirlen und mit Salz und Pfeffer würzen. Anschließend die Paprikawürfel einrühren.

Das restliche Öl in der Pfanne erhitzen und die Zucchinischeiben darin 5 Minuten anbraten, bis sie leicht gebräunt sind. Die Paprikamischung in die vorbereitete Form füllen. Die Zucchinischeiben darauf anrichten.

Die so vorbereitete Tarte 35–40 Minuten in den vorgeheizten Backofen geben, bis die Füllung gestockt und der Teig goldbraun und knusprig ist.

Brokkoli-Cashew-Quiche

Herzhaftes Gebäck

Zutaten für 6–8 Personen

- 275 g ungesüßter Mürbeteig (Fertigprodukt aus dem Kühlregal)
- 50 g Mehl, plus etwas mehr zum Bestäuben
- 450 g Brokkoli, in Röschen zerteilt
- Salz und Pfeffer
- 75 g ungesalzene Cashewkerne, gehackt
- 50 g Butter
- 60 ml Milch
- 85 g geriebener Käse, z. B. Emmentaler, Parmesan oder Gruyère
- 1 Ei
- 1 Prise Cayennepfeffer

So geht's

Den Backofen auf 200 °C vorheizen. Den Teig auf einer leicht bemehlten Arbeitsfläche ausrollen und eine Quicheform (24 cm Ø) damit auslegen. Den Teig blindbacken und in der Form auf einem Kuchengitter auskühlen lassen.

Den Brokkoli 5 Minuten dämpfen und auf dem gebackenen Teigboden verteilen. Salzen und pfeffern. Mit den Cashewkernen bestreuen.

Die Butter bei mittlerer Hitze in einem Topf zerlassen und das Mehl anschwitzen. Die Milch unter Rühren langsam zugießen, bis die Sauce eindickt. Mit Salz und Pfeffer abschmecken. Den Käse unter Rühren darin schmelzen.

Das Ei trennen. Das Eigelb mit 2 Esslöffeln Sauce verquirlen und in die Sauce einrühren. Den Topf vom Herd nehmen. Das Eiweiß steif schlagen und unter die Sauce heben. Die Sauce über den Brokkoli gießen und mit dem Cayennepfeffer bestreuen. Die Quiche auf ein Backblech setzen und 20 Minuten backen. Vor dem Anschneiden 5 Minuten ruhen lassen.

Provenzalischer Zwiebelkuchen

Herzhaftes Gebäck

Zutaten für 4 Personen

- 4 EL Olivenöl, plus etwas mehr zum Einfetten
- 700 g rote Zwiebeln, in dünne Ringe geschnitten
- 2 Knoblauchzehen, zerdrückt
- 2 TL feinster Zucker
- 2 EL Rotweinessig
- Salz und Pfeffer
- 350 g frischer Blätterteig
- 1–2 EL Mehl, zum Bestäuben

Belag

- 100 g eingelegte Sardellenfilets
- 12 grüne Oliven, entsteint
- 1 TL getrockneter Majoran

So geht's

Ein Backblech leicht mit Öl einfetten. Das restliche Öl in einem großen Topf erhitzen. Zwiebeln und Knoblauch bei geringer Hitze unter gelegentlichem Rühren 30 Minuten dünsten.

Zucker und Essig zugeben, salzen und pfeffern.

Den Backofen auf 220 °C vorheizen. Den Blätterteig auf einer leicht bemehlten Arbeitsfläche auf die Größe des Backblechs ausrollen und das Backblech damit auslegen.

Den Topf vom Herd nehmen und die Zwiebeln auf dem Teig verteilen. Gleichmäßig mit Sardellen und Oliven belegen und mit dem Majoran bestreuen.

Im Backofen 20–25 Minuten goldbraun backen. Sofort und noch sehr heiß servieren.

Sardellen-Oliven-Ecken

Herzhaftes Gebäck

Zutaten für 40 Stück

- 50 g Sardellenfilets in Olivenöl, abgetropft und grob gehackt
- 50 g schwarze Oliven, grob gehackt
- 125 g Manchego, fein gerieben
- 100 g Mehl, plus etwas mehr zum Bestäuben
- 125 g Butter, gewürfelt
- ½ TL Cayennepfeffer, plus etwas mehr zum Bestreuen

So geht's

Sardellenfilets, Oliven, Käse, Mehl, Butter und Cayennepfeffer in der Küchenmaschine zu einem Teig verarbeiten. Den Teig zu einer Kugel formen und in Frischhaltefolie eingeschlagen 30 Minuten im Kühlschrank ruhen lassen.

Den Backofen auf 200 °C vorheizen. Den Teig auf einer leicht bemehlten Arbeitsfläche durchkneten. Dünn ausrollen und in ca. 5 cm breite Streifen schneiden. Diese in Dreiecke schneiden.

Die Dreiecke auf 2 Backbleche legen und leicht mit Cayennepfeffer bestreuen. Im Ofen 10 Minuten goldbraun backen. Auf einem Kuchengitter vollständig auskühlen lassen.

Kleine Feta-Oliven-Quiches

Herzhaftes Gebäck

Zutaten für 12 Stück

- Butter, zum Einfetten
- Mehl, zum Bestäuben
- 1 Rezeptmenge Pasteten-Mürbeteig (s. S. 60)
- 1 Ei
- 3 Eigelb
- 300 g Schlagsahne
- Salz und Pfeffer
- 125 g Feta
- 6 schwarze Oliven, entsteint und halbiert
- 12 Stücke frischer Rosmarin

So geht's

Backofen auf 200 °C vorheizen und 12 kleine Tartelettförmchen oder die 12 Vertiefungen eines Muffinblechs einfetten. Den Teig auf einer leicht bemehlten Arbeitsfläche 3 mm dick ausrollen und etwa 10 cm große Kreise ausstechen. Die Formen damit auslegen und mit einer Gabel mehrmals einstechen. Ein quadratisches Stück Alufolie in jede Form drücken und den Teig 12 Minuten im vorgeheizten Backofen backen. Die Folie entfernen und den Teig weitere 3 Minuten blindbacken.

Ei, Eigelb und Sahne in eine Schüssel geben, die Mischung salzen und pfeffern und verrühren.

Den Feta zerbröckeln und auf die Törtchen verteilen. Dann die Eimischung zugießen und eine Olivenhälfte sowie ein Rosmarinstück auf jedes Törtchen geben. Die Quiches etwa 15 Minuten backen, bis die Füllung stockt. Warm oder kalt servieren.

Gefüllte Dim-Sums

Herzhaftes Gebäck

Zutaten für 4 Personen

- 4 TL Pflanzenöl
- 1–2 Knoblauchzehen, zerdrückt
- 225 g Schweinehack
- 225 g Pak-Choi-Kohl, klein geschnitten
- 5 TL helle Sojasauce
- ½ TL Sesamöl
- 8 Blätter Frühlingsrollen-Teig (je 25 cm x 25 cm)
- Öl, zum Frittieren

Chilisauce

- 60 g Zucker
- 50 ml Reisessig
- 2 EL Wasser
- 2 rote Chilis, fein gehackt

So geht's

Das Öl in einem heißen Wok erhitzen. Den Knoblauch zugeben und 30 Sekunden anbraten. Das Schweinehack zugeben und 2–3 Minuten rühren, bis es leicht gebräunt ist.

Pak-Choi-Kohl, Sojasauce und Sesamöl zugeben und 2–3 Minuten anbraten. Vom Herd nehmen, beiseitestellen und abkühlen lassen.

Die Teigblätter auf einem Küchenbrett ausbreiten. Je 2 Esslöffel Schweinefleischmischung auf den Rand jedes Teigblatts geben. Die Teighülle einmal über die Füllung falten, die Seiten einschlagen und mit ein wenig Wasser bestreichen. Ganz aufrollen, die Ränder mit Wasser einpinseln und andrücken. 10 Minuten beiseitestellen.

Für die Chilisauce Zucker, Essig und Wasser in einem kleinen Kochtopf erhitzen und rühren, bis der Zucker aufgelöst ist. Die Mischung dann aufkochen und zu einem hellen Sirup einreduzieren. Vom Herd nehmen und die roten Chilis einrühren. Die Sauce abkühlen lassen.

Das Frittieröl erhitzen, bis es dampft. Die Hitze leicht reduzieren und die Teigröllchen portionsweise 3–4 Minuten goldbraun frittieren. Mit einem Pfannenwender herausheben und auf Küchenpapier abtropfen lassen. Zu den Dim-Sums die Chilisauce servieren.

Zwiebelkuchen

Herzhaftes Gebäck

Zutaten für 4 Personen

- 275 g ungesüßter Mürbeteig, (Fertigprodukt aus dem Kühlregal)
- Mehl, zum Bestäuben
- 40 g Butter
- 75 g Schinkenspeck, gewürfelt
- 700 g Zwiebeln, in dünne Ringe geschnitten
- 2 Eier, verquirlt
- 50 g Parmesan, gerieben
- 1 TL getrockneter Salbei
- Salz und Pfeffer

So geht's

Den Teig auf einer leicht bemehlten Arbeitsfläche ausrollen und eine Springform (24 cm Ø) damit auslegen. Dann den Teig mehrmals mit einer Gabel einstechen und 30 Minuten kalt stellen.

Unterdessen den Backofen auf 180 °C vorheizen. Die Butter in einem Topf zerlassen. Speck und Zwiebeln darin bei geringer Hitze etwa 25 Minuten weich dünsten, aber nicht bräunen. Werden die Zwiebelringe dennoch braun, 1 Esslöffel Wasser zufügen.

Die Eier mit der Zwiebelmischung verrühren. Käse und Salbei zugeben, alles mit Salz und Pfeffer würzen und gut vermengen. Die fertige Mischung auf dem vorbereiteten Teig verteilen.

Dann den Kuchen 20–30 Minuten im vorgeheizten Backofen backen. Anschließend einige Minuten in der Form abkühlen lassen und warm oder kalt servieren.

Fleisch & Geflügel

Geflügelklößchen mit Dip

Fleisch & Geflügel

Zutaten für 4–6 Personen

- 2 große Hähnchenbrustfilets
- 3 EL Öl
- 2 Schalotten, fein gehackt
- ½ Selleriestange, fein gehackt
- 1 Knoblauchzehe, zerdrückt
- 2 EL helle Sojasauce
- 1 kleines Ei, leicht verquirlt
- Salz und Pfeffer
- 1 Bund Frühlingszwiebeln
- Frühlingszwiebelquasten, zum Garnieren

Dip

- 3 EL dunkle Sojasauce
- 1 EL Reiswein
- 1 TL Sesamsaat

So geht's

Das Fleisch in 2 cm große Würfel schneiden. Die Hälfte des Öls in einem Wok oder einer Pfanne erhitzen. Das Fleisch darin bei starker Hitze 2–3 Minuten goldbraun anbraten. Mit einem Schaumlöffel aus dem Wok nehmen und beiseitestellen.

Schalotten, Sellerie und Knoblauch in den Wok geben und kurz weich dünsten, aber nicht bräunen.

Fleisch, Schalotten, Sellerie und Knoblauch in eine Küchenmaschine geben und fein zerkleinern. 1 Esslöffel helle Sojasauce und gerade so viel Ei zugeben, dass eine feste Masse entsteht. Mit Salz und Pfeffer würzen.

Die Frühlingszwiebeln putzen und in 5 cm lange Stücke schneiden. Für den Dip dunkle Sojasauce, Reiswein und Sesamsaat verrühren und beiseitestellen.

Aus dem Teig 16–18 walnussgroße Kugeln formen. Das restliche Öl in der Pfanne erhitzen und die Klößchen portionsweise 4–5 Minuten unter Rühren goldbraun braten. Auf Küchenpapier abtropfen lassen und warm stellen.

Die Frühlingszwiebeln 1–2 Minuten anbraten, dann die restliche helle Sojasauce zugeben. Mit den Klößchen und dem Dip auf einer Platte anrichten und mit Frühlingszwiebelquasten garniert servieren.

Hähnchenschenkel mit Salsa

Fleisch & Geflügel

Zutaten für 4 Personen

- 8 Hähnchenunterschenkel ohne Haut
- 3 EL Mango-Chutney
- 2 TL Dijon-Senf
- 2 TL Maiskeimöl
- 1 TL Paprikapulver
- 1 TL schwarze Senfkörner, leicht zerstoßen
- ½ TL gemahlene Kurkuma
- 2 Knoblauchzehen, gehackt
- Salz und Pfeffer

Salsa

- 1 Mango, gewürfelt
- 1 Tomate, fein gewürfelt
- ½ rote Zwiebel, in Ringe geschnitten
- 2 EL frisch gehackter Koriander

So geht's

Jeden Unterschenkel mit einem Messer drei- oder viermal einschneiden und in einen Bräter legen.

Mango-Chutney, Senf, Öl, Gewürze, Knoblauch, Salz und Pfeffer in einer kleinen Schüssel mischen und auf das Fleisch geben. Die Schenkel wenden, um sie rundum mit der Glasur zu überziehen.

Den Backofen auf 200 °C vorheizen. Die Unterkeulen 40 Minuten backen und mehrfach mit der Glasur bestreichen.

Für die Salsa die Mango mit Tomate, Zwiebel und Koriander vermischen und kalt stellen.

Die Unterschenkel auf einem Teller anrichten und heiß oder kalt mit der Mango-Salsa servieren.

Pflaumen im Speckmantel

Fleisch & Geflügel

Zutaten für 4 Personen

- 12 Scheiben Frühstücksspeck
- 12 Backpflaumen, Datteln oder Wasserkastanien

So geht's

Die Speckscheiben zum Glätten und Strecken auf dem Schneidebrett unter einem Messerrücken durchziehen.

Je 1 Backpflaume, Dattel oder Wasserkastanie auf eine Speckscheibe legen und aufrollen. Das Röllchen mit einem kleinen Holzspieß feststecken.

Eine Grillpfanne sehr stark erhitzen oder den Backofengrill vorheizen und die Pflaumen im Speckmantel 5–10 Minuten goldbraun und knusprig grillen, dabei einmal wenden. Welche Zutat Sie auch mit Speck umwickeln, sie sollte stets gut erhitzt und gegart werden. Alternativ die Speckröllchen auf dem Backblech 20–30 Minuten bei 200 °C im Backofen garen.

Auf einem Servierteller anrichten und sofort servieren.

San-Francisco-Wings

Fleisch & Geflügel

Zutaten für 12 Stück

- 5 EL dunkle Sojasauce
- 2 EL trockener Sherry
- 1 EL Reisessig
- 5-cm-Stück Orangenschale, ohne weiße Innenhaut
- Saft von 1 Orange
- 1 EL brauner Zucker
- 1 Sternanis
- 1 TL Speisestärke, mit 3 EL Wasser verrührt
- 1 EL frisch gehackter Ingwer
- 1 TL Chilisauce
- 1,5 kg Hähnchenflügel

So geht's

Den Backofen auf 200 °C vorheizen. Sojasauce, Sherry, Essig, Orangenschale und -saft, Zucker und Sternanis in einem Topf verrühren. Bei mittlerer Hitze aufkochen und die Speisestärke einrühren. Die Mischung unter Rühren 1 Minute kochen und eindicken lassen. Den Topf vom Herd nehmen und Ingwer und Chilisauce einrühren.

Die Flügelspitzen von den Hähnchenflügeln abtrennen. Die Hähnchenflügel in einer Lage in eine flache Auflaufform oder einen Bräter legen, mit der Sauce übergießen und wenden, bis sie gut mit Sauce überzogen sind.

Im Ofen 35–40 Minuten garen, dabei mehrmals wenden und mit Sauce bestreichen, bis das Fleisch gut gebräunt ist; bei der Garprobe mit einem Holzspieß sollte der Fleischsaft klar austreten. Heiß oder warm servieren.

Mini-Kebabs

Fleisch & Geflügel

Zutaten für 4 Personen

- 125 g Rinderfilet oder Rumpsteak
- 4 Champignons, in 1-cm-Würfel geschnitten
- ½ kleine Zwiebel, in 1-cm-Würfel geschnitten

Marinade

- 60 ml Tomatensaft
- 60 ml Rinderbrühe
- 1 EL Worcestersauce
- 1 EL Zitronensaft
- 2 EL trockener Sherry
- einige Tropfen Tabasco
- 2 EL Pflanzenöl
- 1 EL klein gehackter Sellerie

So geht's

Das Fleisch in 1 cm große Würfel schneiden. Die Zutaten für die Marinade in einer großen Schüssel verrühren. Fleisch, Pilze und Zwiebeln hineingeben und gut mischen. Abgedeckt 30 Minuten kalt stellen.

Die Marinade abgießen und beiseitestellen. Fleisch- und Gemüsewürfel abwechselnd auf kleine Spieße stecken.

Eine Grillpfanne oder eine gusseiserne Pfanne stark erhitzen und die Spieße unter häufigem Wenden 5 Minuten leicht bräunen. Gelegentlich mit der Marinade bestreichen.

Die Spieße auf einem Servierteller anrichten und sofort servieren.

Chickenwings aus dem Ofen

Fleisch & Geflügel

Zutaten für 4 Personen

- 12 Hähnchenflügel
- 1 Ei
- 125 ml Milch
- 4 gehäufte EL Mehl
- 1 TL Paprika
- Salz und Pfeffer
- 250 g Paniermehl
- 50 g Butter

So geht's

Den Backofen auf 220 °C vorheizen. Die Hähnchenflügel in 3 Teile trennen, dabei die knochigen Flügelspitzen entfernen. Ei und Milch in einem tiefen Teller verquirlen. Mehl, Paprika, Salz und Pfeffer auf einem zweiten Teller mischen. Das Paniermehl auf einen dritten geben.

Die Hähnchenteile in das Ei tauchen, dann im Mehl wenden. Das überschüssige Mehl abschütteln und die Teile im Paniermehl wenden, leicht andrücken und das überschüssige Paniermehl abschütteln.

Die Butter in einem Bräter oder einer Grillform (die Hähnchenteile sollten in einer Lage hineinpassen) im Ofen zerlassen. Die Hähnchenflügel mit der Oberseite nach unten in den Bräter legen und 10 Minuten im Ofen garen, bis sie zart sind; bei der Garprobe mit einem Holzspieß sollte der Fleischsaft klar austreten.

Die Hähnchenflügel auf einem Servierteller anrichten. Heiß oder zimmerwarm servieren.

Chickenwings mit Honigglasur

Fleisch & Geflügel

Zutaten für 4 Personen

- 450 g Hähnchenflügel
- 2 EL Erdnussöl
- 2 EL helle Sojasauce
- 2 EL Hoisin-Sauce
- 2 EL Honig
- 2 Knoblauchzehen, zerdrückt
- 1 TL Sesamsaat

Gewürzmischung

- 1 getrockneter roter Chili
- ½–1 TL Chilipulver
- ½–1 TL gemahlener Ingwer
- abgeriebene Schale von 1 Limette

So geht's

Für die Gewürzmischung den Chili in einem Mörser zerdrücken und mit den anderen Zutaten in einer kleinen Schüssel mischen.

Die Hähnchenflügel sorgfältig mit der Gewürzmischung einreiben. Abgedeckt mindestens 2 Stunden im Kühlschrank ruhen lassen, damit das Fleisch das Gewürzaroma annimmt.

Das Öl in einem vorgewärmten Wok oder einer Pfanne erhitzen.

Die Hähnchenflügel unter häufigem Wenden 10–12 Minuten goldbraun und knusprig braten. Das Bratfett abgießen.

Sojasauce, Hoisin-Sauce, Honig, Knoblauch und Sesamsaat in den Wok geben und die Hähnchenflügel mehrmals darin wenden.

Die Hitze reduzieren und die Hähnchenflügel unter häufigem Wenden weitere 20–25 Minuten garen; bei der Garprobe mit einem Holzspieß sollte der Fleischsaft klar austreten. Heiß servieren.

Chickenwings mit Ingwer

Fleisch & Geflügel

Zutaten für 4 Personen

- 2 Knoblauchzehen, geschält
- 1 Ingwerpflaume, abgetropft
- 1 TL Koriandersamen
- 2 EL Ingwersirup
- 2 EL dunkle Sojasauce
- 1 EL Limettensaft
- 1 TL Sesamöl
- 12 Hähnchenflügel

Garnierung

- Limettenspalten
- frische Korianderblätter

So geht's

Knoblauch und Ingwer grob würfeln. Mit den Koriandersamen im Mörser zu einer Paste verarbeiten, dabei nach und nach Ingwersirup, Sojasauce, Limettensaft und Sesamöl zugießen.

Die spitzen Enden der Hähnchenflügel über den Flügelansatz drehen, um gleichmäßige Dreiecke zu erhalten. Die Flügel in eine große Schüssel geben.

Die Ingwerpaste in die Schüssel geben und die Hähnchenflügel darin wenden. Abdecken und einige Stunden oder über Nacht im Kühlschrank marinieren.

Den Backofengrill vorheizen. Die Hähnchenflügel nebeneinander in eine mit Alufolie ausgelegte Grillpfanne legen und unter den vorgeheizten Backofengrill schieben. Bei mittlerer Hitze unter gelegentlichem Wenden 12–15 Minuten grillen, bis das Fleisch goldbraun und gar ist.

Alternativ auf einem leicht eingeölten Grillrost auf dem Holzkohlegrill 15 Minuten grillen. Mit Limettenspalten und frischem Koriander servieren.

Hähnchenschenkel mit Glasur

Fleisch & Geflügel

Zutaten für 12 Stück

- 12 Hähnchenunterschenkel
- 175 ml Honig
- 6 EL körniger Senf
- 2 EL Dijon-Senf
- 2 EL Weißweinessig
- 3 EL Maiskeimöl
- frische Petersilie, zum Garnieren

So geht's

Die Hähnchenunterschenkel mehrmals mit einem scharfen Messer leicht einritzen. In eine große Auflaufform legen.

Honig, Senf, Essig und Öl gründlich in einem Becher verrühren und über die Hähnchenschenkel gießen. Die Hähnchenschenkel wenden, sodass sie gut mit der Glasur überzogen sind. Abgedeckt 2–3 Stunden oder vorzugsweise über Nacht im Kühlschrank marinieren.

Den Backofengrill vorheizen. Die Hähnchenschenkel auf das Backofengitter legen, eine Fettpfanne darunterschieben und die Schenkel unter häufigem Wenden und Bestreichen mit der Glasur 25 Minuten grillen; bei der Garprobe mit einem Holzspieß sollte der Fleischsaft klar austreten. Auskühlen lassen, auf einem Servierteller anrichten und mit Petersilie garniert servieren.

Rindfleisch-Kebabs

Fleisch & Geflügel

Zutaten für 4 Personen

- 8 Frühlingszwiebeln
- 700 g Rumpsteak, in mundgerechte Würfel geschnitten
- 8 Kirschtomaten, halbiert
- 1 EL körniger Senf
- 1 TL Worcestersauce
- ½ TL Balsamico-Essig
- 4 EL Maiskeimöl
- Salz und Pfeffer

So geht's

Den Backofengrill auf 180 °C vorheizen. Die Frühlingszwiebeln in 10–13 cm lange Stücke schneiden und längs halbieren. Fleischwürfel, Frühlingszwiebel- und Kirschtomatenhälften abwechselnd auf 4 Metall- oder eingeweichte Holzspieße stecken. Die Spieße auf einen Ofenrost legen.

Senf, Worcestersauce und Essig in einer kleinen Schüssel verrühren. Mit dem Schneebesen das Öl einrühren und salzen und pfeffern.

Die Kebabspieße mit der Ölmischung einstreichen und unter dem heißen Grill 4 Minuten rösten. Dann wenden, nochmals mit dem Öl einstreichen und weitere 4 Minuten rösten. Die Spieße auf einer großen Servierplatte anrichten und sofort servieren.

Exotische Spareribs

Fleisch & Geflügel

Zutaten für 4 Personen

- 1 kg Spareribs, zerteilt
- ½ Zitrone
- ½ kleine Orange
- 2,5-cm-Stück Ingwer, geschält
- 2 Knoblauchzehen, geschält
- 1 kleine Zwiebel, gehackt
- 2 EL Sojasauce
- 2 EL Reiswein
- ½ TL thailändisches Sieben-Gewürz-Pulver
- 2 EL Honig
- 1 EL Sesamöl
- Zitronenscheiben, zum Garnieren
- Orangenspalten, zum Servieren

So geht's

Den Backofen auf 180 °C vorheizen. Die Sparebibs in einen großen Bräter legen, locker mit Alufolie abdecken und 30 Minuten in den Ofen stellen.

Die Kerne aus der Zitrone und Orange entfernen. Die Früchte mit Ingwer, Knoblauch, Zwiebel, Sojasauce, Reiswein, Sieben-Gewürz-Pulver, Honig und Sesamöl vermischen und alles in der Küchenmaschine glatt pürieren.

Das Fett aus dem Bräter abgießen, dann das Püree gleichmäßig auf den Spareribs verteilen.

Die Spareribs in dem Püree wenden. Wieder in den Ofen geben und die Temperatur auf 200 °C erhöhen. Unter gelegentlichem Wenden und Bestreichen 40 Minuten bräunen. Mit Zitronenscheiben garniert und mit Orangenspalten angerichtet servieren.

Würstchen im Speckmantel

Fleisch & Geflügel

Zutaten für 48 Stück

- 16 große Bratwürste
- 4 EL Dijon-Senf
- 48 Backpflaumen
- 16 Scheiben Frühstücksspeck

So geht's

Die Bratwürste der Länge nach aufschlitzen. Die Schlitze gleichmäßig mit dem Senf ausstreichen und je 3 Backpflaumen hineinsetzen. Die Bratwürste fest zusammendrücken.

Die Speckscheiben zum Glätten und Strecken auf dem Schneidebrett unter einem Messerrücken durchziehen. Die Bratwürste mit je einer Scheibe umwickeln.

Den Backofengrill vorheizen und die Bratwürste unter häufigem Wenden 15 Minuten knusprig grillen. Jede Bratwurst zweimal so durchschneiden, dass jedes Stück eine Backpflaume enthält. Mit einem kleinen Holzspieß feststecken, auf einem Servierteller anrichten und sofort servieren.

Dreierlei herzhafte Röllchen

Fleisch & Geflügel

Zutaten für 50–60 Stück

Lachs-Dillsahne-Röllchen
- 200 g Schlagsahne
- 2 EL frisch gehackter Dill
- Pfeffer
- 4 große oder 8 mittlere Scheiben Räucherlachs
- 4 EL Zitronensaft

Schinken-Frischkäse-Röllchen
- 175 g Doppelrahm-frischkäse
- 4 große Scheiben Kochschinken
- 4 EL frisch gehackter Schnittlauch

Roastbeef-Meerrettich-Röllchen
- 100 g Schlagsahne
- 2 EL Sahne-Meerrettich
- 4 große Scheiben Roastbeef (medium)

So geht's

Für die Lachs-Dillsahne-Röllchen die Sahne steif schlagen, Dill und Pfeffer unterheben und gleichmäßig auf die Lachsscheiben streichen. Die Lachsscheiben fest aufrollen und in Frischhaltefolie einschlagen. Im Kühlschrank 1 Stunde kühlen.

Für die Schinken-Frischkäse-Röllchen den Frischkäse gleichmäßig auf die Schinkenscheiben streichen. Mit dem Schnittlauch bestreuen. Die Schinkenscheiben fest aufrollen und in Frischhaltefolie einschlagen. Im Kühlschrank 1 Stunde kühlen.

Für die Roastbeef-Meerrettich-Röllchen die Sahne steif schlagen, den Sahne-Meerrettich unterrühren und gleichmäßig auf die Roastbeefscheiben streichen. Die Roastbeefscheiben fest aufrollen und in Frischhaltefolie einschlagen. Im Kühlschrank 1 Stunde kühlen.

Vor dem Servieren die Rouladen nacheinander auswickeln und in Scheiben schneiden. Die Lachs-Dillsahne-Röllchen vor dem Schneiden mit dem Zitronensaft beträufeln. Die Röllchen mit kleinen Holzspießen feststecken und auf einem Servierteller anrichten.

Hähnchen-Satay

Fleisch & Geflügel

Zutaten für 6 Personen

- 4 Hähnchenbrustfilets oder 750 g Rumpsteak
- Limettenspalten, zum Servieren

Marinade

- 1 kleine Zwiebel, fein gehackt
- 1 Knoblauchzehe, zerdrückt
- 2,5-cm-Stück Ingwer, geschält und gerieben
- 2 EL dunkle Sojasauce
- 2 TL Chilipulver
- 1 TL gemahlener Koriander
- 2 TL brauner Zucker
- 1 EL Zitronen- oder Limettensaft
- 1 EL Pflanzenöl

Sauce

- 300 ml Kokosmilch
- 4 EL Erdnussbutter mit Stückchen
- 1 EL Fischsauce
- 1 TL Zitronen- oder Limettensaft
- Salz und Pfeffer

So geht's

Das Fleisch mit einem scharfen Messer von Fett befreien und in dünne, etwa 7 cm lange Streifen schneiden.

Für die Marinade alle Zutaten in eine flache Schüssel geben und gut verrühren. Die Fleischstreifen gründlich darin wenden. Mit Frischhaltefolie abdecken und 2 Stunden oder über Nacht im Kühlschrank marinieren.

Den Backofengrill vorheizen. Das Fleisch aus der Marinade nehmen und die Streifen auf dünne Bambus- oder Holzspieße (Satays) aufstecken, die zuvor in Wasser eingeweicht wurden.

Die Fleischspieße unter dem vorgeheizten Grill 8–10 Minuten grillen. Dabei gelegentlich wenden und mit der Marinade bestreichen.

Unterdessen für die Sauce die Kokosmilch mit Erdnussbutter, Fischsauce und Zitronen- oder Limettensaft in einem Topf mischen. Aufkochen und 3 Minuten garen. Mit Salz und Pfeffer abschmecken.

Die Sauce in eine Servierschüssel füllen und zusammen mit den Spießen und Limettenspalten servieren.

Chorizo-Quesadillas

Fleisch & Geflügel

Zutaten für 4–6 Personen

- 1 Chorizo
- 1 großer milder grüner Chili oder grüne Paprika
- 4 Maismehl-Tortillas, erwärmt
- 8–10 eingelegte Artischockenherzen, abgetropft und gewürfelt
- 2 Knoblauchzehen, fein gehackt
- 350 g geriebener Käse
- 1 Tomate, gewürfelt
- 2 Frühlingszwiebeln, in Ringe geschnitten
- 1 EL frisch gehackter Koriander

So geht's

Den Backofengrill auf mittlere Hitze vorheizen. Die Chorizowurst fein würfeln und in einer gusseisernen Pfanne leicht anbräunen.

Den Chili halbieren, entkernen und mit der Schnittseite nach unten für etwa 10 Minuten unter den vorgeheizten Grill legen, bis die Haut Blasen wirft und sich stellenweise schwarz verfärbt. Dann abkühlen lassen, häuten und in kleine Würfel schneiden.

Die Tortillas auf ein Backblech legen. Chorizo und Artischockenherzen darauf verteilen.

Knoblauch und Käse über die Tortillas streuen und diese unter dem Backofengrill erhitzen, bis der Käse Blasen wirft.

Tomate, Frühlingszwiebeln, Chili oder Paprika und Koriander auf die noch warmen Tortillas verteilen. Anschließend in kleine Dreiecke schneiden und servieren.

Chorizo-Oliven-Frittata

Fleisch & Geflügel

Zutaten für 4 Personen

- 50 g Butter
- 1 kleine Zwiebel, fein gehackt
- 1 kleine grüne oder rote Paprika, fein gehackt
- 2 Tomaten, gewürfelt
- 2 gekochte Kartoffeln, gewürfelt
- 125 g Chorizo oder Salami, fein gewürfelt
- 8 grüne oder schwarze Oliven, fein gehackt
- 8 große Eier
- 2 EL Milch
- Salz und Pfeffer
- 50 g geriebener Käse

Garnierung

- Salatblätter
- Peperonistreifen

So geht's

Den Backofengrill vorheizen. Die Butter in einer großen ofenfesten Pfanne zerlassen. Zwiebel, Paprika und Tomaten bei mittlerer Hitze unter Rühren 3–4 Minuten weich dünsten. Kartoffeln, Chorizo oder Salami und Oliven dazugeben und 5 Minuten auf niedriger Stufe erhitzen. Eier, Mich, Salz und Pfeffer in einer Schüssel verquirlen.

Die Eimasse über die Zutaten in die Pfanne gießen und bei geringer Hitze stocken lassen, dabei die Frittata gelegentlich vom Pfannenrand lösen und die Pfanne schwenken, damit sich die Eimasse gleichmäßig verteilt.

Wenn die Eimasse außen fest und nur noch in der Mitte etwas flüssig ist, mit dem Käse bestreuen und unter dem Grill 2 Minuten überbacken, bis der Käse geschmolzen ist. Die Frittata in der Pfanne auskühlen lassen. In Stücke schneiden und mit Salat und Peperonistreifen garniert servieren.

Thai-Klößchen

Fleisch & Geflügel

Zutaten für 4 Personen

- 400 g Schweinehack
- 4 EL gekochter Reis
- 1 Knoblauchzehe, zerdrückt
- 1 TL thailändische rote Currypaste
- 1 TL Pfeffer
- 1 TL gemahlener Koriander
- ½ TL Salz
- 3 EL Limettensaft
- 2 EL frisch gehackte Korianderblätter
- 3 EL Erdnussöl
- Sojasauce, zum Servieren

Zum Garnieren

- Salatgurkenscheiben
- frische rote Chilistreifen

So geht's

Fleisch, Reis, Knoblauch, Currypaste, Pfeffer, gemahlenen Koriander, Salz, Limettensaft und frischen Koriander in einer Schüssel mit den Händen zu einer glatten Masse kneten.

Aus der Masse 12 kleine Klößchen formen. Alternativ den Teig in Wurstsaitling füllen und diesen in regelmäßigen Abständen abdrehen.

Das Öl in einer großen Pfanne auf mittlerer Stufe erhitzen. Die Klößchen portionsweise 8–10 Minuten unter gelegentlichem Wenden rundum goldbraun braten. Mit Gurkenscheiben und Chilistreifen garnieren und heiß mit Sojasauce servieren.

Mini-Hähnchenkebabs

Fleisch & Geflügel

Zutaten für 4 Personen

- 1 doppeltes Hähnchenbrustfilet, in 1-cm-Würfel geschnitten
- ½ Zwiebel
- ½ rote Paprika, in 1-cm-Würfel geschnitten
- ½ grüne Paprika, in 1-cm-Würfel geschnitten

Marinade

- 125 ml Orangen-, Ananas- oder Grapefruitsaft
- 1 EL süßer Sherry
- 60 ml dunkle Sojasauce
- 60 ml Hühnerbrühe
- 2 EL Apfelessig
- 1 TL Tomatenmark
- 2 EL brauner Zucker
- 1 Prise gemahlener Ingwer

So geht's

Für die Marinade alle Zutaten in einer Schüssel verrühren. Die Fleischwürfel hineingeben und vermengen, sodass sie gut mit der Marinade überzogen sind. Abgedeckt 30 Minuten im Kühlschrank marinieren.

Die Zwiebel in Spalten schneiden und mit dem Gemüse und den Fleischwürfeln abwechselnd auf kleine Spieße stecken. Die Marinade aufbewahren.

Eine Grillpfanne oder gusseiserne Pfanne stark erhitzen und die Kebabs unter häufigem Wenden 10 Minuten braten, bis sie gut gebräunt und gar sind. Während der ersten 5 Minuten mit der Marinade bestreichen.

Die Kebabs auf einem Servierteller anrichten und sofort servieren.

Fisch & Meeresfrüchte

Gefüllte Eier

Fisch & Meeresfrüchte

Zutaten für 4 Personen

- 8 hart gekochte Eier
- 2 EL Thunfisch aus der Dose, abgetropft und zerkleinert
- 4 Sardellenfilets in Olivenöl, abgetropft (1 TL Öl auffangen), grob gehackt
- 6 schwarze Oliven, entsteint
- 1 TL eingelegte Kapern

So geht's

Die Eier pellen und halbieren. Das Eigelb mit einem Teelöffel herauslösen und mit dem Thunfisch, 2 Sardellenfilets, 4 Oliven und den Kapern in die Küchenmaschine geben.

Die Zutaten zu einer glatten Paste verarbeiten und so viel Sardellenöl unterrühren, dass die Paste geschmeidig wird.

Die Eiweißehälften auf einem Servierteller anrichten und die Mulden mit der Eipaste füllen, entweder mithilfe eines Teelöffels oder eines Spritzbeutels.

Die restlichen Sardellenfilets und Oliven in feine Streifen schneiden und die Eier damit garnieren. Anschließend sofort servieren.

Buttergarnelen

Fisch & Meeresfrüchte

Zutaten für 8 Personen

- 275 g Butter
- 3 ganze Muskatblüte
- 1 Prise frisch geriebene Muskatnuss
- 1 Prise Cayennepfeffer
- 450 g gekochte Garnelen, ausgelöst
- gebuttertes Brot, zum Servieren

Garnierung

- frische Petersilie
- Zitronenscheiben

So geht's

75 g Butter mit Muskatblüten, Muskatnuss und Cayennepfeffer in einer Pfanne bei kleinster Hitze unter gelegentlichem Rühren zerlassen.

Die Garnelen dazugeben und unter ständigem Rühren 2 Minuten erhitzen. Die Mischung darf auf keinen Fall kochen.

Die Pfanne vom Herd nehmen und die Muskatblüten entfernen. Die Mischung in eine Servierschale füllen und die Oberfläche glatt streichen. Abdecken und nach dem Auskühlen im Kühlschrank fest werden lassen. (Traditionell wird dieses englische Gericht als Vorspeise in Portionsförmchen serviert. Dafür die Garnelenmischung auf 8 Förmchen verteilen.)

Wenn die Buttergarnelen fest sind, die restliche Butter in einer kleinen Pfanne bei geringer Hitze zerlassen. Den Schaum an der Oberfläche abschöpfen, das klare Butterfett vorsichtig in eine Schüssel gießen, dabei darauf achten, dass das Milcheiweiß in der Pfanne zurückbleibt. Die Buttergarnelen mit einer dicken Schicht geklärter Butter bedecken. Dann abdecken und im Kühlschrank fest werden lassen.

Die Buttergarnelen mit Petersilie und Zitronenscheiben garnieren und mit gebuttertem Roggen- oder Vollkornbrot servieren.

Meeresfrüchte-Spieße mit Salsa

Fisch & Meeresfrüchte

Zutaten für 8 Spieße

- 2 TL frisch geriebener Ingwer
- 2 Knoblauchzehen, fein gehackt
- 2 frische grüne Chilis, fein gehackt
- 2 EL Erdnuss- oder Maiskeimöl
- 1,5 kg Seeteufel, in 24 Stücke geschnitten
- 8 rohe Riesengarnelen, ausgelöst, Schwanzspitzen intakt
- Salz und Pfeffer

Salsa

- 2 Tomaten
- 4 frische rote Chilis
- 4 frische grüne Jalapeño-Chilis, fein gehackt
- 2 EL frisch gehackter Koriander
- 2 EL Olivenöl
- 1 EL Rotweinessig
- Salz

So geht's

Ingwer, Knoblauch, Chilis und Öl in einer großen Schüssel mischen. Fischwürfel und Garnelen hineingeben und gut vermengen. Mit Frischhaltefolie abgedeckt 1 Stunde im Kühlschrank marinieren.

Unterdessen für die Salsa die Tomaten kreuzförmig einschneiden, in eine hitzebeständige Schüssel geben, mit kochendem Wasser übergießen und 30 Sekunden ziehen lassen. Abtropfen und rasch häuten.

Den Backofengrill vorheizen. Die roten Chilis auf ein Backblech legen und unter häufigem Wenden rösten, bis die Haut Blasen wirft und schwarz wird. In einen Gefrierbeutel geben und verschließen.

Die Jalapeño-Chilis in eine Schüssel geben. Die Tomaten entkernen, das Fruchtfleisch würfeln und in die Schüssel geben. Die roten Chilis aus dem Gefrierbeutel nehmen, häuten, entkernen, das Fruchtfleisch fein hacken und mit dem Koriander in die Schüssel geben. Olivenöl, Essig und Salz in einer Schale verrühren und über die Salsa gießen. Abgedeckt kalt stellen.

Den Backofengrill vorheizen. Fischwürfel und Garnelen abwechselnd auf 8 Spieße stecken. Unter häufigem Wenden 6–8 Minuten grillen. Anrichten, mit Salz und Pfeffer würzen und mit der Salsa servieren.

Hering nach Hausmacherart

Fisch & Meeresfrüchte

Zutaten für 4 Personen

- 4 Rollmöpse mit Zwiebeln
- 2 hart gekochte Eier
- 1 Apfel
- 1 EL feine Semmelbrösel

So geht's

Die Heringe häuten, in Stücke schneiden und in eine Schüssel geben.

Die Zwiebeln würfeln. Die Eier pellen und klein hacken. Den Apfel schälen, das Kerngehäuse entfernen und fein würfeln. Alles in die Schüssel geben.

Die Semmelbrösel dazugeben und alles gut vermengen. In eine Servierschüssel füllen. Wenn die Heringe nicht sofort serviert werden, abgedeckt kalt stellen. 10 Minuten vor dem Servieren herausnehmen.

Calamari fritti

Fisch & Meeresfrüchte

Zutaten für 4 Personen

- 100 g Mehl
- 1 TL Salz
- 2 Eier
- 175 ml Mineralwasser
- 450 g Tintenfische
- 625 ml Pflanzenöl, zum Ausbacken

Garnierung
- Zitronenspalten
- frische Petersilie

So geht's

Mehl und Salz in eine Schüssel sieben. Mit den Eiern und der Hälfte des Mineralwassers verrühren. Nach und nach das restliche Mineralwasser unterrühren, bis ein glatter Teig entstanden ist.

Zum Säubern des Tintenfischs den Körper festhalten, die Tentakel greifen und samt den Innereien herausziehen. Das transparente Fischbein ebenfalls entfernen. Die Flossen abschneiden und die Außenhaut abziehen. Die Tentakel unterhalb der Schnabelöffnung abschneiden.

Den Tintenfischmantel und die Tentakel unter fließend kaltem Wasser waschen. Den Mantel in 1 cm breite Ringe schneiden. Auf Küchenpapier gut abtropfen.

Unterdessen eine Fritteuse oder eine große Pfanne zu einem Drittel mit Öl füllen und auf 180–190 °C erhitzen (ein Brotwürfel sollte in 30 Sekunden goldbraun frittiert sein).

Tintenfischringe und Tentakel portionsweise in den Teig tauchen und 1–2 Minuten im heißen Fett goldgelb ausbacken. Auf Küchenpapier abtropfen und warm halten, bis alle Ringe und Tentakel ausgebacken sind. Auf einem Servierteller anrichten, mit Zitronenspalten und Petersilie garnieren und sofort servieren.

Garnelentaschen mit Dip

Fisch & Meeresfrüchte

Zutaten für 16 Stück

Dip

- 1 frischer kleiner roter Chili
- 1 TL Honig
- 4 EL Sojasauce

Taschen

- 2 EL frische Korianderblätter
- 1 Knoblauchzehe
- 1½ TL thailändische rote Currypaste
- 16 Wantan-Hüllen
- 1 Eiweiß, leicht verquirlt
- 16 Königsgarnelen, ausgelöst, aber Schwanzenden intakt
- Sonnenblumenöl, zum Frittieren

So geht's

Für den Dip den Chili fein hacken, mit Honig und Sojasauce in einer kleinen Schüssel verrühren. Dann beiseitestellen.

Für die Garnelen-Taschen Koriander und Knoblauch fein hacken, mit der Currypaste verrühren. Die Wantan-Hüllen mit etwas Eiweiß bestreichen. Jede bestrichene Wantan-Hülle vorsichtig mit 1 Teelöffel Koriandermischung bestreichen und eine geschälte Garnele daraufsetzen. Den Teig so um die Garnelen falten, dass die Schwanzspitze frei bleibt.

Das Öl auf 180 °C erhitzen (ein Brotwürfel sollte in 30 Sekunden darin bräunen). Die Garnelen portionsweise 1–2 Minuten goldbraun und knusprig frittieren. Auf Küchenpapier abtropfen lassen und mit dem Dip servieren.

Frühlingsröllchen mit Garnelen

Fisch & Meeresfrüchte

Zutaten für ca. 30 Stück

- 50 g getrocknete Reis-Vermicelli
- 1 Karotte, in feine Stifte geschnitten
- 50 g Zuckererbsen, in feine Längsstreifen geschnitten
- 3 Frühlingszwiebeln, fein gehackt
- 100 g gekochte Garnelen, ausgelöst
- 2 Knoblauchzehen, zerdrückt
- 1 TL Sesamöl
- 2 EL helle Sojasauce
- 1 TL Chilisauce
- 200 g Filo-Teig, in 15 cm x 15 cm große Quadrate geschnitten
- 1 Eiweiß, verquirlt
- 625 ml Pflanzenöl, zum Frittieren
- dunkle Sojasauce, süße Chilisauce oder süßsaurer Chili-Dip (s. S. 46), zum Servieren

So geht's

Die Vermicelli nach Packungsanweisung garen. Gut abtropfen lassen, grob zerkleinern und beiseitestellen. Leicht gesalzenes Wasser in einem Topf aufkochen. Karotte und Zuckererbsen 1 Minute blanchieren. Abtropfen und unter kaltem Wasser abschrecken. Erneut abtropfen, mit Küchenpapier trocken tupfen und mit Nudeln, Frühlingszwiebeln, Garnelen, Knoblauch, Sesamöl, Soja- und Chilisauce vermengen.

Die Teigquadrate zu Dreiecken falten. Je 1–2 Esslöffel Nudelmischung in die Mitte setzen. Die Längsseite des Dreiecks über die Füllung rollen, dabei die seitlichen Ecken einschlagen. Die Spitze des Dreiecks mit Eiweiß bestreichen und zum Schließen des Päckchens nach unten klappen. Auf diese Weise etwa 30 Frühlingsrollen herstellen.

Eine große Pfanne oder eine Fritteuse zu ⅓ mit dem Öl füllen und auf 180–190 °C erhitzen (ein Brotwürfel sollte in 30 Sekunden goldbraun frittiert sein). Die Frühlingsrollen portionsweise (4–5 Stück) 1–2 Minuten goldbraun und knusprig frittieren. Auf Küchenpapier abtropfen lassen und warm stellen, bis alle Frühlingsrollen frittiert sind. Die Frühlingsrollen mit Sojasauce, süßer Chilisauce oder süßsaurem Chili-Dip servieren.

Thailändische Fischküchlein

Fisch & Meeresfrüchte

Zutaten für 16 Stück

- 450 g weißfleischiges Fischfilet wie Seehecht, Schellfisch oder Dorsch, gehäutet und gehackt
- 1 EL thailändische Fischsauce
- 1 EL rote Currypaste
- 1 Kaffir-Limettenblatt, klein geschnitten
- 2 EL frisch gehackter Koriander
- 1 Ei
- 1 TL brauner Zucker
- 1 Prise Salz
- 50 g grüne Bohnen, diagonal in dünne Scheiben geschnitten
- Öl, zum Ausbacken
- Chiliblüten und Frühlingszwiebelquasten, zum Garnieren

Süßsaurer Chili-Dip

- 4 EL Zucker
- 1 EL kaltes Wasser
- 3 EL weißer Reisessig
- 2 kleine scharfe Chilis, gehackt
- 1 EL Fischsauce

So geht's

Fischfilets, Fischsauce, Currypaste, Limettenblatt, Koriander, Ei, Zucker und Salz im Mixer gründlich zu einer glatten Masse verarbeiten. In eine Schüssel geben und die grünen Bohnen einrühren. Beiseitestellen.

Für den Dip Zucker, Wasser und Reisessig in einem kleinen Topf langsam erhitzen, bis der Zucker aufgelöst ist. Aufkochen und 2 Minuten köcheln lassen. Vom Herd nehmen, Chilis und Fischsauce einrühren und zum Abkühlen beiseitestellen.

Eine Pfanne mit reichlich Öl erhitzen. Die Fischmischung in 16 kleine Kugeln aufteilen. Die Kugeln leicht flach drücken und 1–2 Minuten von jeder Seite im heißen Öl goldgelb ausbacken. Auf Küchenpapier abtropfen lassen. Mit Chiliblüten und Frühlingszwiebelquasten garnieren und heiß mit dem Dip servieren.

Engelchen & Teufelchen

Fisch & Meeresfrüchte

Zutaten für 32 Stück

Teufelchen
- 8 Scheiben Frühstücksspeck
- 8 eingelegte Sardellenfilets, abgetropft
- 16 blanchierte Mandeln
- 16 Backpflaumen

Engelchen
- 8 Scheiben Frühstücksspeck
- 16 geräucherte Austern

So geht's

Den Backofen auf 200 °C vorheizen. Für die Teufelchen die Speckscheiben der Länge nach halbieren und zum Strecken zwischen einem Messerrücken und einem Schneidebrett durchziehen. Die Sardellenfilets der Länge nach halbieren. Die Mandeln mit den Sardellenfilets umwickeln und in die Backpflaumen stecken. 1 Streifen Frühstücksspeck darumwickeln und mit einem kleinen Holzspieß feststecken.

Für die Engelchen die Speckscheiben der Länge nach halbieren und unter einem Messerrücken strecken. Die Austern mit einem Streifen Frühstücksspeck umwickeln und mit einem kleinen Holzspieß feststecken.

Engelchen und Teufelchen auf ein Backblech setzen und im Ofen 10–15 Minuten knusprig backen. Sofort servieren.

Muscheln im würzigen Teigmantel

Fisch & Meeresfrüchte

Zutaten für 4 Personen

- 40 große frische Miesmuscheln
- 2 EL Mehl
- 2 EL Reismehl
- ½ TL Salz
- 1 EL Kokosraspel
- 1 Eiweiß
- 1 EL Reiswein
- 2 EL Wasser
- 1 kleiner roter Chili, gehackt
- 1 EL frisch gehackter Koriander
- Sonnenblumenöl, zum Frittieren
- Limettenspalten, zum Servieren

So geht's

Die Muscheln waschen. Alle offenen Muscheln, die sich auch bei leichtem Klopfen nicht schließen, aussortieren. Kalt abspülen und in einen Topf geben. Abdecken. Die Muscheln unter gelegentlichem Rütteln des Topfes 2–3 Minuten dämpfen, bis sich die Schalen öffnen. Die Muscheln abgießen und aus den Schalen lösen. Alle noch geschlossenen Muscheln wegwerfen.

Für den Teig Mehl, Reismehl und Salz in eine Schüssel geben. Kokosraspel, Eiweiß, Reiswein und Wasser zugeben und alles zu einem glatten Teig verrühren. Chili und Koriander einrühren.

Einen großen Topf 5 cm hoch mit Öl füllen und auf 180 °C erhitzen (ein Brotwürfel sollte in 30 Sekunden braun werden). Die Muscheln auf eine Gabel spießen, in den Teig tauchen und ins heiße Öl geben. 1–2 Minuten knusprig und goldbraun frittieren.

Die Muscheln auf Küchenpapier abtropfen lassen und heiß mit Limettenspalten servieren.

Reisbällchen

Fisch & Meeresfrüchte

Zutaten für 4 Personen

- 175 g gekochter Reis
- 175 g weißes Krebsfleisch, zerkleinert
- 3 Frühlingszwiebeln, fein gehackt
- 2 EL Mayonnaise
- 125 g geriebener Käse, z. B. Gruyère oder Mozzarella
- 1 Prise Cayennepfeffer
- 1 EL frisch gehackte Petersilie
- 2 Eier
- Öl, zum Frittieren
- 2 EL Mehl
- 2–3 EL Paniermehl

So geht's

Reis, Krebsfleisch, Frühlingszwiebeln, Mayonnaise, Käse, Cayennepfeffer, Petersilie und 1 Ei in einer großen Schüssel mischen. Mit Frischhaltefolie abgedeckt 2 Stunden oder vorzugsweise über Nacht im Kühlschrank ruhen lassen.

Mit angefeuchteten Händen je 1–2 Esslöffel Reismischung zu Kugeln formen. Abgedeckt 30 Minuten kalt stellen.

Öl in einem Wok oder einer Pfanne stark erhitzen (ein Brotwürfel sollte in 30 Sekunden bräunen).

Unterdessen das zweite Ei in einem tiefen Teller verquirlen. Mehl und Paniermehl auf zwei separate Teller geben. Die Reiskugeln erst im Mehl, dann im Ei wenden. Überschüssiges Ei abschütteln.

Die Reiskugeln im Paniermehl rollen. Leicht andrücken und überschüssiges Paniermehl abschütteln. Im heißen Fett 5 Minuten goldbraun und knusprig frittieren. Gut abtropfen lassen. Anschließend warm oder kalt servieren.

Sesamtoast mit Krebs & Huhn

Fisch & Meeresfrüchte

Zutaten für 72 Stück

- 4 Hähnchenkeulen ohne Haut und Knochen
- 100 g Krebsfleisch, gegart
- 1 kleines Ei, verquirlt
- 3 Frühlingszwiebeln, fein gehackt
- 2 Knoblauchzehen, zerdrückt
- 2 EL frisch gehackter Koriander
- 1 EL Fischsauce
- ½ TL frisch gemahlener schwarzer Pfeffer
- ¼ TL Salz
- 12 Scheiben Toastbrot ohne Rinde
- 8 EL Sesamsaat
- Sonnenblumenöl, zum Braten
- Frühlingszwiebel-Streifen, zum Garnieren

So geht's

Hähnchen- und Krebsfleisch im Mixer fein pürieren. Ei, Frühlingszwiebeln, Knoblauch, Koriander, Fischsauce, Pfeffer und Salz zugeben und noch einige Sekunden durchmixen. In eine Schüssel geben.

Die Mischung gleichmäßig auf den Brotscheiben verteilen und bis an den Rand verstreichen. Den Sesam auf einen Teller streuen und die bestrichenen Seiten der Brotscheiben fest hineindrücken. Jede Brotscheibe in 6 gleich große Rechtecke schneiden.

Eine große Pfanne 1 cm hoch mit Öl füllen und stark erhitzen. Das Brot portionsweise 2–3 Minuten goldbraun braten, dabei einmal wenden.

Den Sesamtoast auf Küchenpapier gut abtropfen lassen. Heiß servieren und mit dünnen Frühlingszwiebel-Streifen garnieren.

Knusprige Krebsfleisch-Wantans

Fisch & Meeresfrüchte

Zutaten für 4 Personen

- 175 g weißes Krebsfleisch, zerkleinert
- 50 g Wasserkastanien aus der Dose, abgetropft, abgespült und gewürfelt
- 1 kleiner frischer roter Chili, gehackt
- 1 Frühlingszwiebel, in Ringen
- 1 EL Speisestärke
- 1 TL trockener Sherry
- 1 TL helle Sojasauce
- ½ EL Limettensaft
- 24 Wantan-Hüllen
- Pflanzenöl, zum Frittieren
- Limettenscheiben, zum Garnieren

So geht's

Für die Füllung Krebsfleisch, Wasserkastanien, Chili, Frühlingszwiebeln, Speisestärke, Sherry, Sojasauce und Limettensaft mischen.

Die Wantan-Hüllen auf einem Küchenbrett ausbreiten und 1 EL Füllung in die Mitte jeder Hülle geben.

Die Ränder der Wantan-Hüllen mit etwas Wasser befeuchten und so über der Füllung falten, dass dreieckige Taschen entstehen. Die spitzen Enden zur Mitte hin einschlagen, mit etwas Wasser befeuchten und mit den Fingerspitzen leicht zusammendrücken.

Reichlich Öl zum Frittieren auf 190 °C erhitzen (ein Brotwürfel sollte in 30 Sekunden braun werden). Die Wantans portionsweise 2–3 Minuten goldbraun und knusprig frittieren. Die fertigen Wantans vorsichtig aus dem Öl herausheben und auf Küchenpapier abtropfen lassen.

Die Wantans mit Limettenscheiben garnieren und heiß servieren.

Tortilla-Ecken mit Garnelen

Fisch & Meeresfrüchte

Zutaten für 8–10 Personen

- 500 g gekochte Garnelen, ausgelöst
- 4 Knoblauchzehen, zerdrückt
- ½ TL mildes Chilipulver
- ½ TL gemahlener Kreuzkümmel
- Saft von 1 Limette
- 1 reife Tomate, gewürfelt
- Salz
- 6 weiche Maismehl-Tortillas
- Pflanzenöl, zum Frittieren
- 2 Avocados
- 200 g saure Sahne
- mildes Chilipulver, zum Garnieren

So geht's

Garnelen, Knoblauch, Chilipulver, Kreuzkümmel, Limettensaft und Tomatenwürfel in eine Schüssel geben, salzen und vorsichtig vermengen. Mindestens 4 Stunden oder über Nacht im Kühlschrank marinieren.

Die Tortillas in kleine Dreiecke schneiden. Öl in einer beschichteten Pfanne erhitzen, eine Portion Tortilla-Ecken zugeben und bei mittlerer Hitze knusprig braten. Mit den restlichen Tortilla-Ecken ebenso vorgehen.

Die Avocados halbieren, Kerne entfernen, das Fruchtfleisch von der Schale lösen, in kleine Würfel schneiden und mit der Garnelenmischung vermengen.

Die Tortillas auf einem Servierteller anrichten und je 1 Teelöffel Garnelen-Avocado-Mischung daraufgeben. Einen Klacks saure Sahne zugeben, mit etwas mildem Chilipulver bestreuen und sofort servieren.

Fischküchlein mit Petersilie

Fisch & Meeresfrüchte

Zutaten für 4 Personen

- 450 g weißfleischige Fischfilets, ohne Haut
- 1 Zwiebel, geviertelt
- 2 Eier
- 4 EL Semmelbrösel
- 1 EL frisch gehackte Petersilie
- Salz und Pfeffer
- Öl, zum Frittieren
- süßsaurer Chili-Dip (s. S. 146), zum Servieren

So geht's

Die Fischfilets in große Stücke schneiden und zusammen mit der Zwiebel in der Küchenmaschine grob pürieren. In eine Schüssel füllen.

Eier und Semmelbrösel zugeben und gut verrühren. Petersilie, Salz und Pfeffer untermischen.

Reichlich Öl in einem Wok oder einer großen Pfanne auf 180–190 °C erhitzen (ein Brotwürfel sollte in 30 Sekunden goldbraun frittiert sein).

Die Fischmasse zu kleinen Küchlein oder Kugeln formen. Vorsichtig in das heiße Fett gleiten lassen und goldbraun frittieren. Mit einem Schaumlöffel herausnehmen und auf Küchenpapier abtropfen lassen.

Die Fischküchlein auf einem Servierteller anrichten und entweder heiß oder zimmerwarm mit dem süßsauren Chili-Dip servieren.

Karibische Krebsküchlein

Fisch & Meeresfrüchte

Zutaten für 16 Stück

- 1 Kartoffel, in Stücke geschnitten
- Salz und Pfeffer
- 4 Frühlingszwiebeln, gehackt
- 1 Knoblauchzehe, gehackt
- 1 EL frisch gehackter Thymian
- 1 EL frisch gehacktes Basilikum
- 1 EL frisch gehackter Koriander
- 225 g weißes Krebsfleisch aus der Dose, abgetropft
- ½ TL Dijon-Senf
- ½ frischer grüner Chili, fein gehackt
- 1 Ei, leicht verquirlt
- Mehl, zum Bestäuben
- 2–3 EL Maiskeimöl
- Limettenspalten, zum Garnieren
- Dip oder Salsa nach Wahl, zum Servieren

So geht's

Die Kartoffelstücke in einen kleinen Topf geben und mit reichlich Wasser bedecken. Eine Prise Salz hinzufügen und aufkochen. Die Hitze reduzieren und die Kartoffel bei geschlossenem Deckel 10–15 Minuten garen. Abtropfen lassen, in eine große Schüssel geben und mit einem Stampfer oder einer Gabel zu einem glatten Püree verarbeiten.

Unterdessen Frühlingszwiebeln, Knoblauch, Thymian, Basilikum und Koriander in einem Mörser zu einer glatten Kräuterpaste verarbeiten und mit Krebsfleisch, Senf, Chili, Ei und Pfeffer zum Kartoffelpüree geben. Gut vermengen und mit Frischhaltefolie abgedeckt 30 Minuten im Kühlschrank ruhen lassen.

Etwas Mehl auf einem Teller verteilen. Die Krebsfleischmischung esslöffelweise zwischen den Handflächen zu Kugeln formen und flach drücken. Im Mehl wenden und das überschüssige Mehl abschütteln. Das Öl in einer Pfanne stark erhitzen und die Küchlein portionsweise 2–3 Minuten goldbraun braten. Dann mit einem Schaumlöffel herausnehmen, auf Küchenpapier abtropfen und auskühlen lassen.

Auf einem Servierteller anrichten und mit Limettenspalten garnieren. Mit einem Dip oder einer Salsa nach Wahl servieren.

Gemüse

Kartoffel-Kibbeh

Gemüse

Zutaten für 4 Personen

- 175 g Bulgur
- 350 g mehligkochende Kartoffeln, gewürfelt
- 2 kleine Eier, verquirlt
- 2 EL Butter, zerlassen
- 1 Prise gemahlener Kreuzkümmel
- 1 Prise gemahlener Koriander
- 1 Prise geriebene Muskatnuss
- Salz und Pfeffer
- Öl, zum Frittieren

Füllung

- 175 g Lammfleisch, gehackt
- 1 kleine Zwiebel, gehackt
- 1 EL Pinienkerne
- 25 g getrocknete Aprikosen, gehackt
- 1 Prise geriebene Muskatnuss
- 1 Prise Zimt
- 1 EL frisch gehackter Koriander
- 2 EL Lammbrühe

So geht's

Den Bulgur in eine Schüssel geben und mit kochendem Wasser übergießen. 30 Minuten quellen lassen, bis das Wasser ganz aufgenommen ist.

Die Kartoffeln in kochendem Wasser 10 Minuten garen, dann abgießen und zu einem glatten Kartoffelbrei zerstampfen. Bulgur, Eier, Butter, Kreuzkümmel, Koriander und Muskatnuss zugeben, salzen und pfeffern.

Für die Füllung das Lammhack 5 Minuten ohne Fettzugabe in der Pfanne anbraten, dann die Zwiebel zugeben und weitere 2–3 Minuten braten. Die restlichen Zutaten zufügen und 5 Minuten weitergaren, bis die Lammbrühe ganz aufgenommen ist. Alles leicht abkühlen lassen, dann in 8 Portionen aufteilen. Jede Portion zu einem Kloß formen.

Die Bulgurmischung ebenfalls in 8 Portionen aufteilen und diese flach drücken. Die Lammfüllung auf die flach gedrückten Kreise geben und mit der Bulgurmasse umhüllen.

Reichlich Öl in einem großen Topf oder einer Fritteuse auf 180–190 °C erhitzen (ein Brotwürfel sollte darin in 30 Sekunden goldbraun werden). Die Kibbeh je 5–7 Minuten goldbraun frittieren, auf Küchenpapier gut abtropfen lassen und servieren.

Mais-Käse-Bällchen

Gemüse

Zutaten für 4 Personen

- 50 g Butter
- 150 ml Wasser
- 60 g Mehl, mit Salz und Pfeffer gewürzt
- 1 Ei, verquirlt
- 1 Prise Cayennepfeffer oder Chilipulver, nach Belieben
- 25 g geriebener Käse, z. B. Emmentaler, Gruyère oder Gouda
- 1 EL Gemüsemais aus der Dose, alternativ sautierte Zwiebeln, gebratene Pilze oder Schinkenwürfel
- Öl, zum Frittieren

So geht's

Für den Brandteig Butter und Wasser in einem Topf aufkochen. Das Mehl auf einmal hineingeben und rühren, bis sich die Masse vom Topfrand löst. Das Ei nach und nach unterrühren, bis ein glatter Teig entstanden ist.

Den Teig ggf. mit Cayennepfeffer oder Chilipulver würzen. Käse und Mais unterrühren.

Reichlich Öl in einem Wok oder einer tiefen Pfanne erhitzen. Esslöffelweise Teig in das heiße Fett gleiten lassen und goldbraun frittieren, bis die Bällchen aufgegangen sind. Herausnehmen und auf Küchenpapier abtropfen lassen. Auf einem Servierteller anrichten und sofort servieren.

Käse-Aprikosen-Häppchen

Gemüse

Zutaten für ca. 20 Stück

- 225 g Doppelrahm-frischkäse
- 6 EL Milch
- 125 g alter Gouda, fein gerieben
- Salz und Pfeffer
- 800 g Aprikosenhälften aus der Dose, abgetropft

Garnierung

- ca. 20 Walnusshälften
- Paprikapulver

So geht's

Den Frischkäse in einer Schüssel mit einem Holzlöffel glatt rühren. Nach und nach Milch und geriebenen Käse unterrühren. Mit Salz und Pfeffer abschmecken.

Die Frischkäsecreme in einen Spritzbeutel mit 1 cm großer Sterntülle füllen und Rosetten auf die Aprikosenhälften spritzen.

Die Aprikosenhälften auf einem Servierteller anrichten, mit Walnusshälften garnieren und leicht mit Paprika bestreuen.

Zwiebel-Bhajias

Gemüse

Zutaten für 4 Personen

- 2 gehäufte EL Kichererbsenmehl
- 1/2 TL gemahlene Kurkuma
- 1/2 TL gemahlener Kreuzkümmel
- 1 TL Garam masala
- 1 Prise Cayennepfeffer
- 1 Ei
- 1 große Zwiebel, geviertelt und in feine Streifen geschnitten
- Salz
- 1 EL frisch gehackter Koriander
- 3 EL Semmelbrösel, nach Bedarf
- Öl, zum Frittieren

Dip

- 1 TL gemahlener Koriander
- 11/2 TL gemahlener Kreuzkümmel
- 225 g Naturjoghurt
- Salz und Pfeffer

So geht's

Kichererbsenmehl, Kurkuma, Kreuzkümmel, Garam masala und Cayennepfeffer in einer großen Schüssel mischen. Eine Mulde formen und das Ei hineingeben. Alles zu einem klebrigen Teig verarbeiten. Die Zwiebel und ein wenig Salz zugeben. Dann den Koriander untermischen. Wenn die Mischung noch zu flüssig ist, die Semmelbrösel einrühren.

Reichlich Frittieröl bei mittlerer Hitze bis zum Rauchpunkt erhitzen.

Je 2 Teelöffel Zwiebelmasse zu einem Bällchen formen, portionsweise etwa 8–10 Stück auf einmal – in das heiße Öl geben und rundum braun frittieren. Die Bällchen sollten schnell fest werden. Auf Küchenpapier abtropfen lassen und bis zum Servieren im Backofen warm halten.

Für den Dip die Gewürze in einer Pfanne anrösten, vom Herd nehmen, mit Joghurt verrühren und alles mit Salz und Pfeffer abschmecken.

Dim-Sum mit Gemüse

Gemüse

Zutaten für 4 Personen

- 2 Frühlingszwiebeln, gehackt
- 25 g Prinzessbohnen, gehackt
- 1/2 kleine Karotte, fein gewürfelt
- 1 frischer roter Chili, gehackt
- 25 g Bohnensprossen, gehackt
- 25 g junge Champignons, gehackt
- 25 g Cashewkerne, gehackt
- 1 kleines Ei, verquirlt
- 2 EL Speisestärke
- 1 TL helle Sojasauce
- 1 TL Hoisin-Sauce
- 1 TL Sesamöl
- 32 Dim-Sum- oder Wantan-Blätter
- 1 EL Sesamsaat
- Soja- oder Pflaumensauce, zum Servieren

So geht's

Das Gemüse in einer Schüssel mischen. Nüsse, Ei, Speisestärke, Soja- und Hoisin-Sauce sowie Sesamöl zufügen und gut mit dem Gemüse vermengen.

Die Dim-Sum-Blätter auf der Arbeitsfläche ausbreiten und etwas von der Mischung in die Mitte eines jeden Teigblatts geben. Die Ränder über der Füllung zu kleinen Päckchen zusammenfalten, aber nicht verschließen.

Einen Dämpfkorb mit Backpapier auslegen und in einen mit kochendem Wasser gefüllten Wok stellen (das Wasser darf den Korb, nicht aber die Päckchen berühren). Die Dim-Sum sind fertig, wenn der Teig „glasig" aussieht. Anschließend auf Küchenpapier abtropfen lassen und warm halten, bis die restlichen Dim-Sums fertig sind.

Die fertigen Dim-Sums mit dem Sesam bestreuen und mit Soja- oder Pflaumensauce als Dip servieren.

Falafel

Gemüse

Zutaten für 4 Personen

- 225 g getrocknete Kichererbsen
- 1 große Zwiebel, fein gehackt
- 1 Knoblauchzehe, zerdrückt
- 2 EL frisch gehackte Petersilie
- 2 TL gemahlener Kreuzkümmel
- 2 TL gemahlener Koriander
- 1 Priese Cayennepfeffer
- ½ TL Backpulver
- Salz
- Öl, zum Frittieren

Zum Servieren

- Hummus (s. S. 20)
- Auberginenmus mit Sesam (s. S. 40)
- Tomatenspalten
- Pita-Brot

So geht's

Die Kichererbsen in einem großen Gefäß mit Wasser bedecken und über Nacht einweichen. Abtropfen lassen, in einen Topf geben, mit frischem Wasser bedecken und aufkochen. Die Hitze reduzieren und 1 Stunde köcheln. Abtropfen lassen.

Die Kichererbsen in der Küchenmaschine zu einem groben Püree verarbeiten. Zwiebel, Knoblauch, Petersilie, Kreuzkümmel, Koriander, etwas Cayennepfeffer und Backpulver dazugeben. Salzen und gut pürieren.

Abdecken und 30 Minuten ruhen lassen. Die Kichererbsenmasse zu 8 Kugeln formen und weitere 30 Minuten ruhen lassen. Ausreichend Öl in einem Wok oder einer Pfanne stark erhitzen. Die Kugeln in das heiße Fett geben und goldbraun frittieren. Mit einem Schaumlöffel herausnehmen und auf Küchenpapier abtropfen lassen.

Auf einem Servierteller anrichten. Heiß oder zimmerwarm mit Hummus, Auberginenmus, Tomatenspalten und Pita-Brot servieren.

Frittiertes Gemüse

Gemüse

Zutaten für 4 Personen

- 100 g Weizenvollkornmehl
- 1 Prise Salz
- 1 Prise Cayennepfeffer
- 4 TL Olivenöl
- 175 ml kaltes Wasser
- 100 g Brokkoliröschen
- 100 g Blumenkohlröschen
- 50 g Zuckererbsen
- 1 Karotte, in Stifte geschnitten
- 1 rote Paprika, in Streifen geschnitten
- 2 Eiweiß, verquirlt
- Öl, zum Frittieren

Sauce

- 150 ml Ananassaft
- 150 ml Gemüsebrühe
- 2 EL Weißweinessig
- 2 EL brauner Zucker
- 2 TL Speisestärke
- 2 Frühlingszwiebeln, gehackt

So geht's

Das Mehl in eine Rührschüssel sieben und mit Salz und Cayennepfeffer würzen. Eine Vertiefung in die Mitte drücken. Öl und Wasser nach und nach hineinrühren, bis der Teig glatt ist.

Das Gemüse 5 Minuten in kochendem Wasser garen und gut abtropfen lassen.

Das Eiweiß vorsichtig unter den Teig heben.

Das Gemüse in den Teig tauchen und darin wenden. Überschüssigen Teig abtropfen lassen. Reichlich Frittieröl in der Fritteuse auf 180 °C erhitzen (ein Brotwürfel sollte in 30 Sekunden braun werden). Das Gemüse in mehreren Portionen jeweils 1–2 Minuten goldbraun ausbacken. Mit einem Schaumlöffel aus dem Öl heben und auf Küchenpapier abtropfen lassen.

Alle Zutaten für die Sauce in einem Topf unter Rühren aufkochen, bis die Sauce eindickt. Mit dem frittierten Gemüse servieren.

Gefüllte Tomaten

Gemüse

Zutaten für 4 Personen

- 2 EL Butter, zerlassen
- 2 EL Pinienkerne
- 8 Wasserkastanien, in Scheiben
- 100 g Langkornreis
- 250 ml Hühnerbrühe
- 4 große oder 8 kleine Tomaten
- frischer Schnittlauch, zum Garnieren

So geht's

Die Butter in einem Topf bei mittlerer Hitze zerlassen. Pinienkerne, Wasserkastanien und den Reis darin schwenken.

Mit der Brühe ablöschen und 20 Minuten köcheln lassen, bis die Brühe aufgesogen und der Reis gar ist. Auskühlen lassen.

Einen kleinen Deckel von den Tomaten abschneiden und die Früchte mit einem Teelöffel entkernen. Mit der Reismischung füllen und mit Schnittlauch garniert servieren.

Spinat-Champignons

Gemüse

Zutaten für 4 Personen

- 50 g Feta
- 12 große Champignons
- 3 EL trockener Weißwein
- 3 EL Wasser
- 1 Schalotte, gehackt
- 1 frischer Thymianzweig, fein gehackt
- 2 TL Zitronensaft
- 25 g Butter
- Salz und Pfeffer
- 2 TL Olivenöl
- 1 Knoblauchzehe, fein gehackt
- 175 g Blattspinat, gehackt

So geht's

Den Backofen auf 180 °C vorheizen. Den Feta zerkrümeln und beiseitestellen. Die Stiele der Pilze von den Hüten trennen und fein hacken.

Wein und Wasser in einen breiten Topf geben. Die Hälfte der Schalotte und des Thymians zugeben. Aufkochen und 2 Minuten köcheln lassen. Die Pilzhüte mit der glatten Seite nach unten hineinlegen und mit dem Zitronensaft beträufeln. Abdecken und 6 Minuten köcheln lassen, dann die Pilzhüte herausnehmen und auf einem Teller abtropfen lassen. Den Sud erneut aufkochen, Pilzstiele und Butter hineingeben und salzen. Ca. 6 Minuten kochen, bis die Flüssigkeit verdampft ist. Die Pilzstiele in eine Schüssel geben.

Das Olivenöl in einem sauberen Topf erhitzen. Den Rest der Schalotte, Knoblauch und Spinat hineingeben und mit Salz bestreuen. Bei mittlerer Hitze unter Rühren 3 Minuten garen, bis die ganze Flüssigkeit verdampft ist. Die Spinatmischung mit den Pilzstielen verrühren. Nach Geschmack pfeffern und den Feta unterrühren.

Die Mischung auf die Pilzhüte verteilen. Diese in einer Lage in einer Auflaufform verteilen und 15–20 Minuten im Ofen goldbraun backen. Warm servieren.

Gefüllte Weinblätter

Gemüse

Zutaten für 12 Personen

- 350 g Langkornreis
- 450 g eingelegte Weinblätter, abgespült
- 2 Zwiebeln, fein gehackt
- 1 Bund Frühlingszwiebeln, fein gehackt
- 1 Bund Petersilie, fein gehackt
- 2 EL frisch gehackte Minze
- 1 EL Fenchelsamen
- 1 TL zerdrückter getrockneter Chili
- fein abgeriebene Schale von 2 Zitronen
- 250 ml Olivenöl
- Salz
- 625 ml kochendes Wasser
- Zitronenspalten, zum Garnieren
- Zaziki (s. S. 24), zum Servieren

So geht's

Einen Topf mit leicht gesalzenem Wasser aufkochen. Den Reis hineingeben, die Hitze reduzieren und den Reis 15 Minuten gar köcheln. Unterdessen die Weinblätter in eine Schüssel geben, mit kochendem Wasser bedecken und 10 Minuten einweichen.

Den Reis abtropfen lassen und noch heiß mit Zwiebeln, Frühlingszwiebeln, Petersilie, Minze, Fenchelsamen, Chili, Zitronenschale und 3 Esslöffel Öl in einer großen Schüssel mischen. Mit Salz abschmecken.

Die Weinblätter gut abtropfen lassen. Ein Blatt mit der Unterseite nach oben auf einer Arbeitsfläche ausbreiten. 1 gehäuften Teelöffel Reis nahe dem Stielansatz auf das Blatt setzen. Das Blatt über die Reismischung falten, die Seiten einschlagen und aufrollen. Mit den anderen Weinblättern ebenso verfahren. Mit eventuell übrig gebliebenen Weinblättern den Servierteller garnieren.

Die gefüllten Weinblätter in einer Lage in eine große Pfanne legen (evtl. benötigen Sie zwei Pfannen). Das restliche Öl über die Weinblätter geben und das kochende Wasser darübergießen. Mit einem Teller beschweren und mit geschlossenem Deckel 1 Stunde köcheln lassen. Die Weinblätter in der Pfanne auskühlen lassen. Auf einen Servierteller heben, mit Zitronenspalten garnieren und mit Zaziki servieren.

Bunte Käsebällchen

Gemüse

Zutaten für 4 Personen

- 125 g Ricotta
- 125 g alter Gouda, fein gerieben
- 2 TL frisch gehackte Petersilie
- Pfeffer
- 60 g gemischte Nüsse, gehackt
- 3 EL frisch gehackte Kräuter, z. B. Petersilie, Schnittlauch, Majoran, Liebstöckel und Kerbel
- 2 EL mildes Paprikapulver
- Kräuterzweige, zum Garnieren

So geht's

Ricotta und Gouda mischen. Die Petersilie zugeben, mit Pfeffer würzen und gründlich verrühren.

Aus der Mischung kleine Bällchen formen und diese abgedeckt ca. 20 Minuten im Kühlschrank fest werden lassen.

Die gehackten Nüsse auf einem Backblech verteilen und unter dem vorgeheizten Grill leicht anbräunen. Vorsicht, sie brennen sehr schnell an! Abkühlen lassen.

Nüsse, Kräuter und Paprika in separate Schälchen geben. Die Käsebällchen in 3 gleich große Portionen aufteilen. Je 1 Portion in den Nüssen, in den Kräutern und im Paprikapulver wälzen.

Die fertigen Käsebällchen auf einer Servierplatte anrichten. Bis zum Servieren in den Kühlschrank stellen und dann mit den frischen Kräuterzweigen garnieren.

Auberginen mit Satay-Sauce

Gemüse

Zutaten für 4 Personen

- 2 Auberginen, in 2,5-cm-Würfel geschnitten
- 175 g kleine Champignons

Marinade

- 1 TL Kreuzkümmelsamen
- 1 TL Koriandersamen
- 2,5-cm-Stück Ingwer, gerieben
- 2 Knoblauchzehen, leicht zerdrückt
- ½ Zitronengrasstängel, grob gehackt
- 4 EL helle Sojasauce
- 8 EL Sonnenblumenöl
- 2 EL Zitronensaft

Satay-Sauce

- ½ TL Kreuzkümmelsamen
- ½ TL Koriandersamen
- 3 Knoblauchzehen
- 1 kleine Zwiebel, püriert oder sehr fein gewürfelt
- 1 EL Zitronensaft
- 1 TL Salz
- ½ roter Chili, in Ringe geschnitten
- 125 ml Kokosmilch
- 250 g Erdnussbutter mit Stückchen
- 250 ml Wasser

So geht's

Die Auberginen und Champignons auf 8 Metall- oder eingeweichte Holzspieße stecken.

Für die Marinade Kreuzkümmel, Koriander, Ingwer, Knoblauch und Zitronengras zerstoßen. Dann kurz scharf anbraten, bis sich die Aromen entfalten. Vom Herd nehmen und die restlichen Marinade-Zutaten zugeben. Die Spieße mit der Marinade beträufeln und 2–8 Stunden marinieren.

Für die Sauce Kreuzkümmel und Koriander mit dem Knoblauch zerstoßen. Alle Zutaten bis auf das Wasser untermengen und in einen Topf geben. Dann das Wasser einrühren und die Sauce so lange kochen lassen, bis sie eingedickt ist.

Den Backofengrill oder einen anderen Grill vorheizen. Die Spieße unter dem vorgeheizten Grill 15–20 Minuten garen. Häufig mit der Marinade bestreichen, einmal wenden und mit der Satay-Sauce servieren.

Gefüllte Pilze

Gemüse

Zutaten für 4 Personen

- 450 g weiße Champignons
- 3 Knoblauchzehen
- 2 EL gewürfelte Zwiebeln
- 175 g Butter
- 75 g frische Semmelbrösel
- 1 TL frisch gehackte Petersilie, plus etwas mehr zum Garnieren
- 1 EL geriebener Parmesan

So geht's

Den Backofen auf 180 °C vorheizen.

Die Stiele aus den Champignons herausdrehen und fein hacken. Zwei Knoblauchzehen fein hacken und mit den Zwiebelwürfeln und Champignonstielen mischen.

Die Hälfte der Butter in einer Pfanne zerlassen. Die Pilzmischung bei mittlerer Hitze 3 Minuten andünsten. Semmelbrösel, Petersilie und Parmesan mischen und unter die Pilzmischung rühren. Die Champignonhüte mit der Pilzmischung füllen.

Die restliche Butter in einem Topf zerlassen. Die dritte Knoblauchzehe zerdrücken und 2 Minuten darin schwenken. Die Hälfte der Knoblauchbutter in eine flache Auflaufform gießen.

Die gefüllten Champignons hineinsetzen und mit der restlichen Knoblauchbutter beträufeln. Im Ofen 20 Minuten backen. Mit Petersilie garniert sofort servieren.

Rosmarin-Kartoffeln

Gemüse

Zutaten für 4 Personen

- 12 kleine Frühkartoffeln
- 125 g Butter
- 2 EL frisch gehackter Rosmarin
- Salz und Pfeffer
- frische Rosmarinzweige, zum Garnieren

So geht's

Die Kartoffeln in einem großen Topf mit leicht gesalzenem Wasser gerade bissfest kochen. Alles gut abtropfen lassen.

Die Butter in einer großen Pfanne zerlassen. Kartoffeln und Rosmarin dazugeben und gut vermengen. Bei mittlerer bis starker Hitze unter häufigem Rühren 5 Minuten schwenken, bis die Kartoffeln mit der Rosmarin-Butter überzogen sind und die Schalen goldbraun zu werden beginnen.

Die Kartoffeln auf Serviertellern anrichten und mit Salz und Pfeffer würzen. Mit frischen Rosmarinzweigen garniert sofort servieren.

Käse-Bohnen-Quesadillas

Gemüse

Zutaten für 4–6 Personen

- 8 Weizenmehl-Tortillas
- Öl, zum Einfetten
- 400 g Bohnenmus aus der Dose, erwärmt
- 200 g Cheddar oder Gouda, gerieben
- 1 Zwiebel, gehackt
- ½ Bund frischer Koriander, gehackt, plus etwas mehr zum Garnieren
- 1 Rezeptmenge scharfe Salsa (s. S. 136)

So geht's

Die Tortillas kurz in einer leicht eingefetteten beschichteten Pfanne erwärmen, damit sie leichter zu verarbeiten sind.

Die warmen Tortillas mit dem erwärmten Bohnenmus bestreichen und mit Käse, Zwiebel und Koriander belegen. Dann 1 Essöffel Salsa auf jede Tortilla geben und diese fest zusammenrollen.

Kurz vor dem Servieren eine beschichtete Pfanne auf mittlerer Hitze erwärmen. Mit einigen Tropfen Wasser beträufeln und die Tortillarollen in die Pfanne legen. Abgedeckt erhitzen, bis der Käse schmilzt und der Teig leicht anbräunt.

Jede Tortilla-Rolle schräg in 4 Stücke schneiden und die Tortillas anschließend sofort servieren.

Vegetarische Frühlingsrollen

Gemüse

Zutaten für 4 Personen

- 25 g dünne Glasnudeln
- 2 EL Erdnussöl
- 2 Knoblauchzehen, zerdrückt
- ½ TL frisch geriebener Ingwer
- 50 g Austernpilze, in dünne Streifen geschnitten
- 2 Frühlingszwiebeln, gehackt
- 50 g Bohnensprossen
- 1 kleine Karotte, in feine Streifen geschnitten
- ½ TL Sesamöl
- 1 EL helle Sojasauce
- 1 EL Reiswein
- ¼ TL Pfeffer
- 1 EL frisch gehackter Koriander
- 1 EL frisch gehackte Minze
- 24 Blätter Frühlingsrollen-Teig
- ½ TL Speisestärke
- Erdnussöl, zum Frittieren
- frische Minze, zum Garnieren
- süße Chilisauce, zum Servieren

So geht's

Die Nudeln mit kochendem Wasser übergießen, 4 Minuten quellen lassen. Abgießen, abschrecken, abtropfen und in 5-cm-Stücke schneiden.

Das Erdnussöl in einem Wok oder einer Pfanne stark erhitzen. Knoblauch, Ingwer, Pilze, Frühlingszwiebeln, Bohnensprossen und Karotte zugeben und 1 Minute bissfest braten. Sesamöl, Sojasauce, Reiswein, Pfeffer, Koriander und Minze sorgfältig einrühren, dann den Wok vom Herd nehmen. Die Glasnudeln vorsichtig unterheben.

Die Teigquadrate so auf die Arbeitsfläche legen, dass die Spitzen wie bei einer Raute nach außen zeigen. Die Speisestärke mit 1 Esslöffel Wasser verrühren und die Ränder jedes Teigblattes damit bestreichen. Etwas Füllung auf das untere Drittel geben. Die untere Spitze des Teigblattes über die Füllung falten, dann die Seiten einschlagen. Aufrollen, die Spitze mit angerührter Speisestärke bestreichen und die Rolle verschließen.

Reichlich Öl in einem Wok oder einer Fritteuse auf 180 °C erhitzen (ein Brotwürfel sollte in 30 Sekunden braun werden). Die Frühlingsrollen portionsweise 2–3 Minuten goldbraun frittieren. Mit frischer Minze garnieren und mit süßer Chilisauce servieren.

Backofen-Pommes-frites

Gemüse

Zutaten für 4 Personen

- 450 g Kartoffeln, geschält
- 2 EL Maiskeimöl
- Salz und Pfeffer

So geht's

Den Backofen auf 200 °C vorheizen.

Die Kartoffeln in gleichmäßig dicke Stäbchen schneiden, unter fließend kaltem Wasser waschen und mit einem sauberen Geschirrtuch trocken tupfen. In eine Schüssel geben, mit dem Öl beträufeln und gut vermengen.

Die Kartoffelstäbchen auf einem Backblech verteilen und im Ofen 40–45 Minuten goldgelb backen, dabei einmal wenden. Mit Salz und Pfeffer würzen und heiß servieren.

Gemüse-Pickles marokkanisch

Gemüse

Zutaten für 12 Personen

- 225 g kleine Radieschen
- 225 g Baby-Karotten
- 8 Selleriestangen
- 1 Salatgurke
- Salz und Pfeffer
- 125 g feinster Zucker
- 125 ml Zitronensaft
- 2 EL rote Pfefferkörner
- 1 Bund Koriander, fein gehackt

So geht's

Radieschen und Karotten putzen und in eine große Schüssel geben. Den Sellerie in 5 cm lange Stücke schneiden und in die Schüssel geben. Die Gurke der Länge nach halbieren und entkernen, in dicke Scheiben schneiden und in die Schüssel geben. Das Gemüse kräftig salzen. Mit Frischhaltefolie abgedeckt 3–4 Stunden ziehen lassen.

Das Gemüse in ein Sieb geben und gründlich unter fließend kaltem Wasser abbrausen. Gut abtropfen lassen und mit Küchenpapier trocken tupfen, in eine Schüssel geben.

Zucker, Zitronensaft und Pfefferkörner in einer anderen Schüssel verrühren, bis sich der Zucker ganz aufgelöst hat. Mit Pfeffer würzen.

Die Sauce über das Gemüse gießen und gut durchmischen. Mit Frischhaltefolie abgedeckt 8 Stunden oder über Nacht kalt stellen.

Kurz vor dem Servieren den gehackten Koriander untermischen und die Mischung in eine Servierschüssel füllen. Gekühlt servieren. Zum Aufspießen der Gemüsestücke Holzspieße danebenlegen.

Knusprige Kartoffelschalen

Gemüse

Zutaten für 4 Personen

- 4 gekochte Pellkartoffeln
- 2 Scheiben Frühstücksspeck
- 125 g Blauschimmelkäse, zerkrümelt
- Öl, zum Frittieren
- saure Sahne oder Naturjoghurt, zum Garnieren

So geht's

Die Kartoffeln der Länge nach vierteln und das Innere bis auf einen 5 mm dicken Rand mit einem Löffel ausschaben. Das Kartoffelinnere anderweitig verwenden.

Den Backofengrill vorheizen. Den Speck knusprig rösten, in dünne Streifen schneiden und in einer kleinen Schüssel mit dem Blauschimmelkäse mischen.

Reichlich Öl in einem Wok oder einer Pfanne auf 180–190 °C erhitzen (ein Brotwürfel sollte in 30 Sekunden goldbraun frittiert sein). Die Kartoffelschalen langsam in das heiße Fett gleiten lassen und 3–4 Minuten goldbraun und knusprig frittieren. Mit einem Schaumlöffel herausnehmen und auf Küchenpapier abtropfen lassen.

Die Kartoffelschalen auf einem Servierteller anrichten und mit esslöffelgroßen Portionen der Käse-Speck-Mischung füllen. Mit einem Klacks saurer Sahne oder Naturjoghurt garniert sofort servieren.

Chili-Polenta-Rauten

Gemüse

Zutaten für 4 Personen

- Salz und Pfeffer
- 350 g Polenta
- 2 TL Chilipulver
- 2 EL Olivenöl oder zerlassene Butter

Petersilien-Dip

- 150 g saure Sahne
- 1 EL frisch gehackte Petersilie

So geht's

1,5 l Wasser in einem Topf aufkochen. Salz zufügen, die Polenta gleichmäßig einstreuen und sorgfältig unterrühren.

Die Hitze reduzieren und die Polenta etwa 5 Minuten weiterrühren. Sie ist fertig, wenn sie so fest geworden ist, dass der Kochlöffel aufrecht darin stehen bleibt.

Das Chilipulver zufügen und gut unterrühren. Dann die Polenta mit etwas Salz und Pfeffer abschmecken.

Die Polenta ca. 4 cm dick auf eine Arbeitsfläche oder ein Küchenbrett streichen und auskühlen lassen.

Die abgekühlte Polenta in schmale Rauten schneiden.

Das Öl in einer Pfanne erhitzen und die Polentarauten darin von jeder Seite 3–4 Minuten goldbraun und knusprig braten. Auf Küchenpapier abtropfen lassen. Alternativ die Rauten mit zerlassener Butter bestreichen und 6–7 Minuten unter einem vorgeheizten Grill rösten.

Saure Sahne und Petersilie in einer Schüssel mischen.

Die fertigen Polentastreifen mit dem Petersilien-Dip servieren.

Tofu-Tempura

Gemüse

Zutaten für 4 Personen

- 125 g kleine Zucchini
- 125 g kleine Karotten
- 125 g Maiskölbchen
- 125 g kleine Porreestangen
- 2 kleine Auberginen
- 225 g Tofu
- Öl, zum Frittieren
- feine Streifen von Karotte, Ingwer und Porree, zum Garnieren
- gekochte Nudeln, zum Servieren

Ausbackteig

- 2 Eigelb
- 300 ml Wasser
- 225 g Mehl

Dip

- 5 EL Mirin oder trockener Sherry
- 5 EL japanische Sojasauce
- 2 TL Honig
- 1 Knoblauchzehe, zerdrückt
- 1 TL frisch geriebener Ingwer

So geht's

Zucchini und Karotten längs halbieren. Maiskölbchen und Porree putzen, die Auberginen vierteln. Den Tofu in 2,5-cm-Würfel schneiden.

Für den Ausbackteig das Eigelb mit dem Wasser verquirlen. 175 g Mehl dazusieben und mit einem Schneebesen zu einem festen Teig rühren. Es macht nichts, wenn sich dabei Klumpen bilden. Reichlich Öl zum Frittieren auf 180 °C erhitzen (ein Brotwürfel sollte darin in 30 Sekunden braun werden).

Das restliche Mehl auf einen großen Teller streuen und das Gemüse und den Tofu darin wälzen, bis alles dünn mit Mehl überzogen ist.

Den Tofu in den Teig tauchen und 2–3 Minuten goldbraun frittieren. Auf Küchenpapier abtropfen lassen und warm stellen.

Die Gemüsestückchen nacheinander in den Teig tauchen und 3–4 Minuten goldbraun frittieren. Auf Küchenpapier abtropfen lassen und auf einem Servierteller anrichten.

Für den Dip alle Zutaten verrühren. Mit Gemüse und Tofu sowie Nudeln servieren und mit feinen Gemüsestreifen garnieren.

Register

leicht gemacht

In dieser Reihe erhältlich: